illust: Fujii Eyshun

騎士封神榜

～黑暗時期的不敗榮光～

序

在中古世紀的歐洲，騎士是戰場上的明星。

騎士們總是身穿金光閃閃的盔甲，手持利劍或長槍，以一己之身面對敵人。縱然騎士已從戰場上消失許久，其馬上英姿至今仍深深吸引世界各地的人們。

即使在現代，對歷史人物的研究依然大為興盛，虛構的騎士故事也持續創作推出，這些情形皆可佐證這一點吧！

本書《騎士封神榜～黑暗時期的不敗榮光～》，廣泛介紹了古代英雄敘事詩的主角、活躍於中古時期歐洲的武士、生於現代的知識分子等，這些在虛擬與現實交織的世界裡被稱為「騎士」的人物。

雖然這些人物統稱為騎士，不過其戰鬥方式、使用的武器與性格可以說是五花八門。敬請各位一同見證這群個性十足的騎士們波瀾壯闊的一生。

書中不僅有全球知名的故事主角、尚未經過翻譯的作品角色，甚至還有令人驚呼：「原來這個人也是騎士啊！」的人物，想必各位都能從中找到自己喜歡的騎士。

此外，關於中古時期歐洲的歷史、英雄敘事詩、神話世界等騎士們活躍的背景因素，書中亦附有專欄為各位詳盡解說。本書所提供的西洋史與騎士文學的基礎知識，應該能在各位閱讀騎士文學與歷史書籍時有所幫助。

為了想認識更多騎士的讀者，書末還附上了網羅著名騎士文學《亞瑟王傳奇》中的「圓桌騎士」、世界各國設立的騎士團，以及近代以後成為騎士的人物等小事典。各位不妨透過這三種小事典增加小常識，或做為資料庫使用。

那麼，歡迎各位進入騎士們的世界！

總目錄

騎士事典

亞瑟王傳奇

目錄

專欄

神話傳說・時代解說

本書的閱讀方式

本書《騎士封神榜~黑暗時期的不敗榮光~》，前半部介紹的是歐洲各地傳說與西洋作家創作的騎士們，後半部則介紹活躍於真實歷史中的騎士們。

此外書末所附的小事典，則收錄前面未提及的騎士，以及歐洲等地創立的騎士團簡介。

在此為各位說明騎士介紹部分的閱讀方式。

凡例與注意事項

關於符號的用法

內文中的符號意思如下：

《》、〈〉……做為出處的書名、資料

「」……其他特殊用語、台詞等

關於人物名稱

本書提及的人物名稱，因各國語言與譯法不同而有數種版本。本書採用較廣為一般人所知的譯名，或以該人物活躍的國家或地區之讀法音譯。

騎士資料的閱讀方式

人名：
騎士的本名。如果頁面上方與目次、正文使用的是通稱，就會與這裡有出入。

拼法：
騎士本名的拼法。

生卒年：
騎士的生卒年。虛構的騎士就無此項資料。

活躍國家：
該騎士活躍的國家。有別於傳說的流傳地區，或故事作者的出身地。

【人名】法蘭西斯・德瑞克
【拼法】Francis Drake
【生卒年】1543-1596
【活躍國家】英格蘭

本書介紹的騎士種類

本書前半部的「騎士介紹」，係以附圖方式解說活躍於歐洲等地的騎士。

收錄的騎士按虛構與真實，以及出處與活躍時代，分為五章。

虛構的騎士

騎士介紹的前半部，介紹的是騎士文學裡的騎士們。

・亞瑟王傳奇

列舉歐洲最著名的騎士文學《亞瑟王傳奇》中，亞瑟王與其宮廷裡的「圓桌騎士」們。

・查理曼傳奇

列舉與八世紀實際統治法蘭西的皇帝「查理曼（Charlemagne）」相關的傳奇故事中，侍奉查理曼的騎士們。

・其他傳說與創作

列舉前述「亞瑟王」、「查理曼」之外的傳說，以及近代以後的作家所創作的騎士們。

真實的騎士

後半部介紹活躍於真實歷史中的騎士們。為方便閱讀，這個項目以英法百年戰爭結束的一四五三年為基準，分成二章。

・真實的騎士　英法百年戰爭以前

列舉活躍於一四五三年以前的騎士們。

・真實的騎士　英法百年戰爭以後

接續上一章，列舉活躍於一四五三年以後的騎士們。

騎士的起源

本書主題「騎士」，究竟是什麼樣的存在呢？首先就從解讀這個名詞開始吧！

馬背上的戰士

按照字面來解釋「騎士」這個名詞，即是「騎馬」的「戰士」。騎士與馬有著密不可分的關係。

騎兵——亦即騎馬的士兵，擁有極為優秀的機動力與攻擊力。其戰鬥能力之高，不僅能縱橫穿梭於戰場上，還可一鼓作氣從遠處發動奇襲，驅散敵方的步兵。

騎兵是戰場上的明星，亦是精英。

此外，騎士在法語中是「Chevalier」，在德語中是「Ritter」，二者也都是源自於「騎乘」的意思。

「Knight」的語源

不過，騎士在英語中是「Knight」，源自於盎格魯撒克遜人（五世紀起分布在大不列顛島的民族）語言中的「Cniht（下人之意）」。

之所以使用這種一點也不符合精英形象的詞彙，是因為在騎兵普及前的時代，戰士的身分均較為低微的緣故。

後來，馬鐙與馬鞍等騎馬用具經過改良，戰士們便能穿著厚重的金屬盔甲騎馬作戰。當時的重騎兵（重武裝的騎兵）正是「Cniht」的後裔。

另外，現代英語稱騎馬的士兵為「Cavalier」，以區別歷史上的騎士。

騎馬作戰的戰士。1894年，法國畫家愛德華・法蘭索瓦・崔爾（Édouard François Zier）繪。

亞瑟王傳奇
Arthurian Legend

亞瑟王傳奇解說

亞瑟王是一位極富傳奇色彩的國王，據說他曾統治大不列顛島，擊退來自島外的敵人。其事蹟經由島上居民們長期流傳，精彩的傳奇性與騎士精神引起人們共鳴，於是許多吟遊詩人與作家便以亞瑟王為題材創作故事。亞瑟王傳奇更飄洋過海，於法蘭西和德意志等地繼續發展。

亞瑟王的臣子——「圓桌騎士」的冒險同樣相當受到歡迎。亦有不少原本是其他神話或傳說的主角，後來與亞瑟王傳奇結合，加入圓桌騎士的情況。

因此，亞瑟王傳奇並沒有明確的「出處」。目前被稱為「亞瑟王傳奇」的故事，其實是由傳說之王麾下的眾多英雄與小插曲組合而成的作品。

何謂圓桌？

為避免騎士們爭奪席次，亞瑟王讓集結在宮廷裡的騎士們圍坐於圓桌。而武藝與功勳獲得肯定、可入坐圓桌的騎士，就稱為圓桌騎士。

桌子的形狀則有圓形與半圓形等說法。

每種文獻提到的圓桌成員皆不盡相同，著於十五世紀的《亞瑟之死》便記載成員有一百五十名。

何謂聖杯？

故事中圓桌騎士們不斷尋找的「聖杯」。據說是耶穌基督被釘上十字架處決前，在最後的晚餐中所使用的杯子。亦有一說，這個杯子曾裝過耶穌的血液。

傳說聖杯能引發奇蹟，例如國家豐收、治好疾病、出現在人們面前時會帶來音樂與美食等等。

亞瑟王傳奇的概要

十五世紀創作的作品《亞瑟之死》（後述），堪稱亞瑟王傳奇的集大成之作。以這部作品為基礎，按時間順序排列，故事內容大致如下：

亞瑟王登基

敘述亞瑟王誕生與登基的來龍去脈，以及征服歐洲各地並打敗羅馬皇帝的過程。

圓桌騎士們

描寫亞瑟王宮廷中圓桌騎士們的冒險與愛情故事。

找尋聖杯

描述圓桌騎士們尋找聖杯的過程。

王國崩壞

敘述王國的內亂與瓦解，以及亞瑟王之死。

亞瑟王傳奇的形成

亞瑟王傳奇的成名，始於十二世紀英格蘭作家謝菲（Geoffrey of Monmouth）所著的《不列顛諸王史（Historia Regum Britanniae）》。亞瑟王在此書中是一位征服北歐大半部分的君王。

之後，亞瑟王傳奇也流傳到法、德，並於各國誕生出無數則以亞瑟王為題材的故事。

十五世紀，英格蘭作家馬洛禮（Thomas Malory）將這些故事彙整起來，其著作《亞瑟之死（Le Morte d'Arthur）》被視為亞瑟王傳奇的集大成之作。

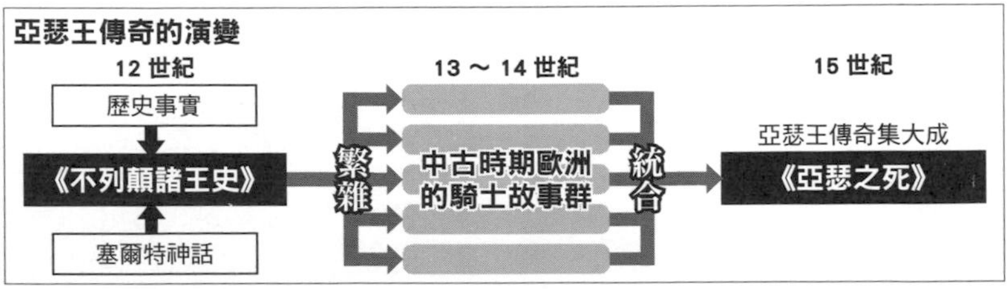

英格蘭傳說中的騎士王

亞瑟王

【人名】亞瑟
【拼法】Arthur
【活躍國家】英格蘭

亞瑟王的肖像。1903 年，美國畫家霍華德．派爾（Howard Pyle）繪。

亞瑟王傳奇的主角亞瑟王，是一名除了征服英格蘭（在傳說裡稱為羅格雷斯王國〔Logres〕）外，還取得了大部分的歐洲，並戰勝羅馬皇帝，建立偉大王國的人物。此外，他還將齊聚在自己宮廷裡的著名騎士任命為圓桌騎士（➡十二頁），並擔任圓桌的領導者。

亞瑟王武藝精湛，曾打倒過巨人。身上佩帶湖中仙女賜予的名劍「艾克斯卡利巴（Excalibur）」，劍名有「斷鋼」之意。另外，劍鞘還有「無論受到任何傷害都不會流血」的魔法效果。

可惜他所建立的王國，最後因王后桂妮薇兒（Guinevere）私通最強的圓桌騎士蘭斯洛特（➡二十頁），以及亞瑟王與同母異父姊姊莫歌絲（Morgause）的私生子莫瑞德（➡四十頁）造反而滅亡。

亞瑟王的起源

一般認為亞瑟王的原型，是五、六世紀大不列顛島上驍勇善戰的塞爾特族（Celts，分布在大不列顛島與歐洲西部的民族）國王。然而，儘管「亞瑟」這個名字出現在好幾份古文獻當中，卻找不到這位「亞瑟」確實存在的證據。

英格蘭作家謝菲所寫的偽史書《不列顛諸王史》，可說是亞瑟王傳奇的開端。這是一本荒誕無稽的歷史書籍，不過卻大致奠定了亞瑟王傳奇裡的亞瑟王形象。

王者的命運

在亞瑟王傳奇中，亞瑟王的父親為不列顛人（Briton，分布在大不列顛島上的塞爾特人）的領導者——烏瑟・潘德拉剛（Uther Pendragon）。烏瑟對前來參加宴會的大貴族戈爾羅斯（Gorlois）之妻伊格蓮（Igraine）一見鍾情，於是透過魔法師梅林（Merlin）的力量化身為戈爾羅斯，成功與伊格蓮共度一夜。而亞瑟就是當時所懷的孩子。

在梅林的安排下，亞瑟交由篤實的騎士艾克特（Ector）撫養，並且不告知他身世。

不久，烏瑟便殺害戈爾羅斯，正式納其遺孀伊格蓮為妻。不過，幾年後他也戰死了，各地貴族自立為王，王國陷入混亂狀態。於是梅林號召各地有力人士齊聚倫敦，宣稱「神將在此宣布正統的國王人選」。

到了聖誕節當天，倫敦最大的教堂裡果真出現一把插在鐵砧（鐵製台座）上的劍，以及「拔出這把劍者即為名正言順的國王」這段留言。懷抱國王夢的人們紛紛前來挑戰，但都無人能將劍拔出。

同一時間，少年亞瑟受義兄弟（養父艾克特之子）凱（➡二百二十五頁）所託去拿家裡的劍，卻因為沒人在家而傷透腦筋。最後亞瑟決定「拿插在教堂裡的劍取代」，於是偷偷到教堂取劍，沒想到他輕而易舉就拔出劍來。

凱馬上就發現亞瑟帶來的是王者之劍，他向父親艾克特宣稱劍是自己拔出來的。不過，艾克特識破了兒子的謊言，追問之下才得知拔劍的人是亞瑟。於是艾克特便告訴亞瑟，他擁有高貴的血統且是真正的國王這二個真相。

名劍艾克斯卡利巴

亞瑟王從鐵砧拔出的劍，後來在與泉水騎士培里諾王（➡二百三十頁）交手時折斷了。梅林告訴亞瑟王住在湖裡的仙女擁有一把好劍，於是他順利從湖中仙女那裡得到新的名劍艾克斯卡利巴。

但是過了不久，亞瑟王就遺失了魔法劍鞘。亞瑟王的同母異父姊姊莫根勒菲（Morgan le Fay，伊格蓮與前夫戈爾羅斯所生的女兒）憎恨殺父仇人烏瑟之子亞瑟，於是用魔法欺騙亞瑟王偷走艾克斯卡利巴。湖中仙女（非授劍於亞瑟王的仙女）察覺亞瑟王的危機，幫助他取回了寶劍，但是莫根勒菲得知自己的計畫失敗後，便把劍鞘丟進湖裡洩憤。

少年亞瑟企圖拔出插在鐵砧上的劍。1903 年，霍華德・派爾繪。

王后桂妮薇兒與圓桌騎士

亞瑟王深受李奧多格蘭斯王（➡二百二十六頁）貌美的女兒桂妮薇兒吸引，決定娶她為妻。已知王國未來的梅林婉轉地提出警告，但亞瑟王始終聽不進去。婚禮舉行之際，桂妮薇兒帶著一張可讓眾多

圍坐在大圓桌邊的騎士們。圖為聖杯（十三頁）突然出現在眾人眼前的場景。圖片來自 1470 年左右的抄本。

騎士就座的圓桌來到宮廷，後來亞瑟王便決定只有優秀的騎士才有權利入坐這張圓桌。這就是圓桌騎士的起源。

亞瑟王與桂妮薇兒之間並無子嗣，不過《亞瑟之死》中出現二名流有亞瑟王血液的兒子。一位是他與桂妮薇兒結婚前，與萊歐諾絲（Lionors）所生的兒子鮑得，長大後成為圓桌騎士的一員。另一位則是他與同母異父姊姊莫歌絲亂倫所生的莫瑞德。

過去的王暨未來的王

亞瑟王的龐大王國盛極一時，然而到了故事的尾聲卻面臨悲劇性的結局。

桂妮薇兒王后與圓桌騎士蘭斯洛特多年來暗通款曲，這段婚外情最後遭莫瑞德揭發，亞瑟王只好懲罰二人。再加上蘭斯洛特還劫走即將因通姦罪被處火刑的桂妮薇兒，結果逼得亞瑟王率兵進攻蘭斯洛特的領地。

其實，亞瑟王並不想失去蘭斯洛特這位多年的戰友。就在戰況陷入膠著之際，卻傳來留守國內的莫瑞德造反的消息。

亞瑟王趕緊率軍返回國內，與莫瑞德的軍隊爆發激烈衝突。最後一戰劍欄之戰（Battle of Camlann）戰況慘烈，據說雙方士兵幾乎全數戰死。在這場戰役的尾聲，亞瑟王找到倚著劍休息的莫瑞德，盛怒之下手持長槍刺向他。然而結果卻是兩敗俱傷，莫瑞德死了，亞瑟王也受了致命傷。

亞瑟王知道自己死期將近，於是命令倖存下來的騎士貝迪維爾（➡二百一十八頁）將艾克斯卡利巴還給湖中仙女。捨不得名劍的貝迪維爾前二次都未能完成任務，直到第三次才終於把劍丟進湖裡。不久便有一群貴婦乘船出現在瀕死的亞瑟王身邊，亞瑟王告訴貝迪維爾：「我去治好這嚴重的傷勢。」接著就被貴婦們帶往湖泊對面的亞法隆島（Avalon）。

第二天早上貝迪維爾發現一座新墓，上面寫著：「往日的王與未來的王亞瑟長眠於此。」

這段話令英國人至今仍然相信，有朝一日傳說中的亞瑟王將會回到這裡。

四名貴婦將瀕臨死亡的亞瑟送往亞法隆島。憎恨亞瑟的同母異父姊姊莫根勒菲亦在其中。19世紀，蘇格蘭畫家詹姆斯·亞契（James Archer）繪。

為愛而活的最強騎士

蘭斯洛特

【人名】蘭斯洛特
【拼法】Lancelot
【活躍國家】英格蘭

蘭斯洛特是圓桌騎士成員當中被公認最強的騎士。在劍術、槍術與馬術方面無人能出其右，人品也很優秀。深受亞瑟王與同伴們的信賴。

他是由湖中仙女撫養長大的，因此在作品中又稱為「湖上騎士」。

可惜他愛上了亞瑟王的妻子桂妮薇兒，這段婚外情成了毀滅亞瑟王王國的導火線。

蘭斯洛特傳奇的起源

亞瑟王傳奇雖然以傳說中的英格蘭國王為題材，卻是在中古世紀傳入法蘭西後添加許多小插曲發展而成（⬇參照十三頁）。有一說蘭斯洛特的原型是愛爾蘭或威爾斯的戰神，不過基本上他是在法蘭西誕生的角色。最早出現在十二世紀法蘭西吟遊詩人克雷帝安・德・特洛瓦（Chrétien de Troyes）所寫的《駄車騎士蘭斯洛特（Lancelot, the Knight of the Cart）》裡。

湖上騎士蘭斯洛特

蘭斯洛特是統治法蘭西西北部布列塔尼地區的邦王（King Ban）之子。邦王是亞瑟王的盟友，在蘭斯洛特還小時就戰死

蘭斯洛特的肖像。圖片取自 1911 年發行的《The Book of Knowledge》插畫。

了，於是湖中仙女便代替父王養育他。蘭斯洛特於湖中仙女的教導下學習騎士精神，十五歲時就到亞瑟王的宮廷成為圓桌騎士的一員。

此外，蘭斯洛特與其家族戰勝歐洲各地的騎士獲得領地，因此在《亞瑟之死》的尾聲，他幾乎統治了整個法蘭西。

馱車騎士蘭斯洛特

前述的《馱車騎士蘭斯洛特》在法蘭西相當受到歡迎，因此後來也編入十五世紀亞瑟王傳奇的集大成之作《亞瑟之死》（➡十三頁）當中。劇情概要如下：

高盧（今法國周邊）國王巴德馬格斯之子——梅里亞格斯來到亞瑟王的宮廷。傲慢的梅里亞格斯不僅發下豪語，說要囚禁亞瑟王領地的人民，還綁架了桂妮薇兒王后。

當時前去解救王后的即是蘭斯洛特。由於他失去馬匹，改坐馱車移動，因此在文中又稱為「馱車騎士」。在那個時代，坐上馱車就等同於「犯人」，這對自尊心極高的騎士而言是極不名譽的行為。然而蘭斯洛特卻不在乎自己的名譽，選擇對王后效忠。

蘭斯洛特突破了梅里亞格斯設下的陷阱，像是用劍造的橋等等，總算趕到桂妮薇兒身邊，順利將她救

幽會中的蘭斯洛特與桂妮薇兒王后。1850 年左右的作品。

出。最後他們墜入愛河，明知不可為仍共度了一夜。

之後學不會教訓的梅里亞格斯發現「桂妮薇兒王后與亞瑟王以外的男人共處一室」的證據，揭發她紅杏出牆之罪。此外，梅里亞格斯還把蘭斯洛特幽禁起來，不讓他參加桂妮薇兒的決鬥審判（原告與被告派出代理戰士進行決鬥，勝者便可無罪開釋）。所幸蘭斯洛特想辦法逃了出來，最後於決鬥中打倒梅里亞格斯，捍衛了桂妮薇兒的名譽。

《亞瑟之死》也是相同的劇情主幹，不過細節混合了其他插曲稍有不同。

圓桌騎士之一的梅里亞格斯暗戀桂妮薇兒王后，趁王后只帶少數隨從外出之際擄走了她。蘭斯洛特為了解救王后，不惜坐馱車趕到梅里亞格斯的城堡。深知蘭斯洛特實力的梅里亞格斯最後示弱，不戰而降並釋放了桂妮薇兒。但是之後他掌握到二人私通的證據，向亞瑟王告發。

蘭斯洛特在決鬥審判中打敗梅里亞格斯後，人們就稱他為「馱車騎士」，約有一年的時間外出都是乘坐馱車取代馬匹。

最強騎士的挫敗

所有的圓桌騎士都參與了探索聖杯的冒險（➡十二頁），蘭斯洛特也不例外，只可惜最後以失敗收場。

聖杯是耶穌基督在最後的晚餐中所使用過的聖觸，只有最純潔之人才能夠發現它的存在。最強騎士蘭斯洛特原本是最接近聖杯的人物，但由於他只顧著為俗世名譽而戰忽略了信仰，最關鍵的是他與桂妮薇兒暗通款曲之罪，導致他無法碰觸聖杯。蘭斯洛特曾在探索聖杯的旅途中於老舊禮拜堂瞥見聖杯，沒想到這

蘭斯洛特因自己的罪過而無法拜見聖杯。1896 年，英國畫家愛德華・伯恩瓊斯（Edward Burne-Jones）繪。

時天上卻傳來「速速離開神聖之地」的聲音。

遭上帝定罪的蘭斯洛特十分沮喪，於是他決定從今以後要過清心寡慾的生活。

王國的結束

蘭斯洛特在探索聖杯期間發誓要摒棄邪念，然而回到宮廷後沒多久他又開始跟桂妮薇兒幽會。心懷惡意的圓桌騎士莫瑞德（➡四十頁）便與同伴共謀，企圖逮住幽會中的二人，好向亞瑟王告發。

某天蘭斯洛特待在桂妮薇兒的寢室裡時，果真遭到十三名騎士包圍，他抱著必死決心反擊，在殺光莫瑞德以外的所有騎士後，逃離了現場。留在房裡的桂妮薇兒則因通姦罪被判處火刑，所幸之後蘭斯洛特集結同伴順利救走她。不過當時蘭斯洛特在刑場上還殺害了二名未武裝且毫無戰意的騎士——圓桌騎士高文（➡二十六頁）的弟弟賈列斯與嘉赫里斯，致使他與高文之間的友情產生決定性的裂痕。

一連串的事件導致蘭斯洛特與亞瑟王面臨敵對的局面，最後亞瑟王率軍進攻蘭斯洛特位於法蘭西的領土。只不過同為圓桌成員的二人多年來互相敬重，彼此都不想打倒對方。雙方都在尋找和解的辦法，然而想替弟弟們報仇的高文卻強烈反對。結果，無意戰鬥的蘭斯洛特還是與高文二度單挑決鬥，最後高文因當時受的傷而死去。

正當戰況陷入膠著時，留守王國的莫瑞德竟然造反想奪取王國。亞瑟王立即解除對蘭斯洛特的包圍返回英格蘭，最後與莫瑞德打得兩敗俱傷而壯烈死去。而蘭斯洛特從高文的遺言得知此事後，率領援軍趕往王國，但是當他上岸時戰爭早就結束了。

亞瑟王死後，桂妮薇兒便到修道院過著懺悔的生活。蘭斯洛特雖然找到了她，二人卻因自己造成王國毀滅的罪惡感而決定不再相見。至於蘭斯洛特同樣捨棄最強騎士的名譽，選擇成為隱士（拋棄俗世的神職人員），桂妮薇兒死後他也默默地離開人世。

在亞瑟王墳前做最後道別的蘭斯洛特與桂妮薇兒。1854 年，英國畫家但丁・加百列・羅塞堤（Dante Gabriel Rossetti）繪。

亞瑟王的勇敢外甥

高文

【人名】高文
【拼法】Gawain
【活躍國家】英格蘭

高文是亞瑟王的外甥，同時也是圓桌騎士成員中最強的騎士之一。不僅深受亞瑟王與同伴們的信賴，更多半在亞瑟王傳奇的主要故事裡登場。

他與亞瑟王的關係視作品而異，在《不列顛諸王史》（➡十三頁）中他是亞瑟王之妹安娜的兒子，在《亞瑟之死》（➡十三頁）中則是亞瑟王同母異父姊姊莫歌絲的兒子。他有三個弟弟，日後背叛亞瑟王導致王國毀滅的騎士莫瑞德（➡四十頁）則是同母異父的弟弟。

高文在作品中持有一把名為賈拉汀（Gallatin）的劍，騎乘的馬叫做古琳加列特（Gringalet）。他的力量在早上九點至中午這段期間會逐漸增強，中午時的力量則有平時的三倍。

高文傳奇的演變

高文這名角色誕生於亞瑟王傳奇的初期。在亞瑟王等塞爾特人的社會裡，權力者的外甥屬於嫡系關係，通常很受到重視，因此高文在作品世界裡的地位起初是很高的。

英格蘭初期創作的作品，將高文描寫成一位對貴婦彬彬有禮的完美騎士。但在亞瑟王傳奇流傳到法蘭西，提高了蘭斯洛特（➡二十頁）與崔斯坦（➡三十四頁）的地位後，高文就被描寫成缺點很多又好色的騎士，與他們形成對比。

高文的肖像。1903 年，美國畫家霍華德・派爾繪。

《高文爵士與綠騎士》

十四世紀後半創作於英格蘭的《高文爵士與綠騎士（Sir Gawain and the Green Knight）》，是以高文為主角的故事，內容描述他的勇敢與守禮。

在亞瑟王與宮廷的人們慶祝新年的期間，突然來了一名穿戴綠色盔甲的怪異騎士。綠騎士對在場的人說：「有誰敢把我的頭砍下來？」高文於是接受挑戰，砍斷了他的腦袋。沒想到綠騎士若無其事地撿起自己的頭顱，留下：「一年後換你接受我的回擊！」這句話後就離開了。

一年後，高文依約前往綠騎士指定的禮拜堂。他和禮拜堂附近城堡的主人及夫人極為投緣，遂得以在城堡裡留宿到約定之日為止。

城主相當親切，但是他的夫人卻每晚都來勾引高文。遵守禮節的高文並未與夫人發生關係，不過夫人在第三天夜晚送給他一條綠色腰帶，並說：「只要戴著它就絕對不會受傷。」害怕被綠騎士砍掉腦袋的高文便默默收下來了。

到了約定之日，高文與綠騎士在禮拜堂再會。高文依照約定乖乖讓綠騎士砍他的頭。但是前二次綠騎士都沒有揮下斧頭，第三次也只是輕輕一擊，讓高文受了點皮肉傷。

《高文爵士與綠騎士》的插畫。圖片來自 14 世紀後半葉的抄本。大英圖書館藏。

原來綠騎士正是那位親切的城主。憎恨亞瑟王的同母異父姊姊莫根勒菲用魔法將他變成綠騎士，利用他去挑戰圓桌騎士。不過，高文不僅展現出騎士應有的勇氣，也遵守禮節沒對夫人逾矩。至於最後受到的擦傷，則是高文收下夫人的腰帶卻沒有立即向城主坦白的懲罰。

高文與城主和解後，便將綠色腰帶掛在肩上以記取自己的錯誤。

與蘭斯洛特之間的友情

高文與最強的圓桌騎士蘭斯洛特交情特別好，曾在許多情況下互相幫助。可惜他們的友情同樣在蘭斯洛特私通桂妮薇兒王后，與亞瑟王對立時決裂。在《亞瑟之死》的尾聲，蘭斯洛特於混亂中誤殺了未武裝且毫無戰意的高文之弟。

燃起復仇之火的高文在亞瑟王的軍隊裡負責打頭陣，與蘭斯洛特的軍隊對決。儘管亞瑟王的軍隊找到與蘭斯洛特和解的辦法，高文卻不肯接受。他與蘭斯洛特單獨決鬥，但二次都戰敗受到重傷。

這段期間傳來負責防衛首都的莫瑞德造反的消息，於是亞瑟王解除對蘭斯洛特的包圍，緊急趕回首都。高文則在途中因傷勢惡化而死亡。

臨死前，高文為拒絕與蘭斯洛特和解一事向亞瑟王道歉，並寫了封信給蘭斯洛特請他幫助亞瑟王。可惜蘭斯洛特看完信趕過來時已經太遲，王國早已滅亡了。

尋得聖杯的純潔騎士

加拉哈德

【人名】加拉哈德
【拼法】Galahad
【活躍國家】英格蘭

圓桌騎士之一的加拉哈德是公認最強的圓桌騎士蘭斯洛特（⬇二十頁）的兒子，而且還流著基督教聖人的血。其血統與最為純潔的身心，使他成功找到了聖杯（聖髑）（⬇十二頁），卻也在得到聖杯的同時蒙主寵召。

最強騎士之子

蘭斯洛特在冒險途中認識了佩萊斯王（Pelles），並獲邀到他的城堡。其實佩萊斯王是基督教聖人約瑟（Joseph of Arimathea）的子孫，備受尊敬。至於國王的祖先「亞利馬太的約瑟」，則是在耶穌基督被釘死於十字架上之後，將其遺體領走安葬，且據說將耶穌在最後晚餐中所用的聖杯帶到英格蘭之人。

佩萊斯王知道，蘭斯洛特與女兒伊蓮（Elaine）所生的孩子將會成為找到聖杯的騎士，然而蘭斯洛特卻鍾情於亞瑟王的妻子桂妮薇兒，對其他女性沒有興趣。於是伊蓮便藉由侍女的魔法，將她變成桂妮薇兒的模樣，順利與蘭斯洛特一夜溫存。第二天早上得知真相的蘭斯洛特愕然不已，但是為時已晚。

加拉哈德的肖像。1888 年，英國畫家喬治·弗瑞德利克·華茲（George Frederic Watts）繪。

伊蓮所生的兒子取名為「加拉哈德」（蘭斯洛特的乳名），在修道院受到細心照料。此外，蘭斯洛特後來也鮮少與伊蓮見面。

坐於危險寶座的騎士

加拉哈德幼年時曾有人預言：「將來會擁有超越父親蘭斯洛特的勇氣與武藝，成為發現聖杯的騎士。」長大後的加拉哈德便來到亞瑟王的宮廷，向其他騎士展現自己的勇氣與武藝。

某天，亞瑟王宮廷附近的河川突然漂著一塊「插著劍的大石頭」，劍上還寫著：「只有最優秀的騎士才能拔出這把劍。」圓桌騎士高文（➡二十六頁）和帕西瓦爾（➡二百二十九頁）都挑戰失敗，沒想到來到宮廷的加拉哈德輕而易舉就拔出劍來，令眾人驚呼不已。

此外，圓桌有個被稱為「危險寶座」的座位，資格不符者坐上去就會被燒死，因此這個座位一直是空著的。後來加拉哈德的名字不知何時被刻在這個座位上。

加拉哈德就這樣成為圓桌騎士的一員，並在亞瑟王為測試他的實力而舉辦的馬上長槍比武大會中，打敗了蘭斯洛特與帕西瓦爾以外的所有騎士，展現自己的厲害之處。

不可思議的是比賽結束後，正當眾人圍著圓桌用餐時，聖杯竟伴隨著光芒及芳香出現在大廳裡。可惜光芒籠罩著飄浮在空中的聖杯，無人能看個清楚。於是騎士們便立誓不再回到宮廷，直到看清楚聖杯為止。

尋得聖杯的騎士

加拉哈德透過旅行，證明了他對自己的（基督教的）神信仰之深以及自身的純潔，最後成功達成與圓桌騎士帕西瓦爾、鮑斯（➡二百一十九頁）的探索聖杯之旅。

三人在旅途中，應一名少女邀請搭上漂亮的船。少女是帕西瓦爾的姊姊，她說只有虔誠信仰基督之人才可以搭上這艘船。少女並將唯有最優秀的騎士才能拔出的「神奇劍帶之劍」與劍鞘賜給加拉哈德。

在接下來的旅途中，加拉哈德開始祈禱自己：「能於期盼的時刻離開人世。」帕西瓦爾詢問原因，他便回答：「當自己的靈魂與神同在才是真正的喜樂。」此外，在他們接近聖杯的期間，加拉哈德還像耶穌基督一樣，發生治好病人這類的奇蹟。

最後，三人終於在中東城市薩拉斯（Sarras）親眼目睹神祕的聖杯。隨後，加拉哈德便如願升天離開人間。這時聖杯也被天使帶走，不曾再出現於人們面前。

加拉哈德死後，帕西瓦爾成為隱士（拋棄俗世的神職人員），一年後也去世了。至於鮑斯則回到亞瑟王的宮廷，向騎士們講述探索聖杯的詳細經過。

在被釘上十字架處刑之前，享用最後一餐的耶穌基督。放置在耶穌面前的就是聖杯。16 世紀，西班牙畫家胡安・德・華內斯（Juan de Juanes）繪。西班牙國立普拉多博物館（Museo del Prado）藏。

充滿悲劇色彩的騎士

崔斯坦

【人名】崔斯坦
【拼法】Tristan
【活躍國家】英格蘭

著名淒美愛情故事《崔斯坦與依索德（Tristan und Isolde）》的主角崔斯坦，是一位深陷禁忌之戀、愛上養父之妻依索德，結局悲慘的騎士。

此外，崔斯坦也是亞瑟王傳奇中的圓桌騎士之一。他在圓桌騎士裡實力名列前茅，作品裡也時常把他跟蘭斯洛特（➡二十頁）相提並論。除了劍術，他也精通射箭，尤其是他與依索德住在森林裡時所做的「必中之弓」，據說無論對象是人或野獸，必定都能精準射中。只不過不曉得這是魔法弓的效果，還是崔斯坦本身的射擊能力使然。

崔斯坦不僅武藝高超，同時也是擅長彈奏豎琴與唱歌的優雅宮廷人士。

遲來的圓桌騎士崔斯坦

一般認為崔斯坦的悲戀故事，源自於分布在大不列顛島的塞爾特族民間故事，崔斯坦的原型則為七八〇年左右蘇格蘭國王之子楚斯特（Drust）。他的故事流傳到法蘭西，經過數人之手昇華為騎士文學後，才與亞瑟王傳奇結合。

因此吟遊詩人所歌詠的崔斯坦故事，與後來的亞瑟王傳奇集大成之作《亞瑟之死》（➡十三頁）裡的崔斯坦形象有些許差異。

崔斯坦的身世視作品而異，大多提到他是萊恩尼斯（Lyonesse，虛構的國家）國王的兒子，父親在他出生前就去世，所以才會取名

崔斯坦與依索德。精通音樂的崔斯坦總是帶著豎琴。1902年，英國畫家艾德蒙·布雷爾·雷頓（Edmund Blair Leighton）繪。

為崔斯坦（悲傷之子）。

屠龍英雄

崔斯坦長大後，由叔父康瓦爾（Cornwall，英格蘭西南部）國王馬克冊封為騎士。崔斯坦為了叔父，經歷過無數次危險的戰鬥。

康瓦爾王國每年都得向愛爾蘭王國進貢，但馬克王拒絕進貢導致事態變得複雜起來，二國便決定派出代表進行決鬥以解決此事。愛爾蘭的代表是愛爾蘭王子（有些作品則為王后之弟），同時也是圓桌騎士中以身強力壯著稱的馬霍路特（➡二百二十七頁），康瓦爾的代表則是年輕的崔斯坦。

而馬霍路特的姊姊（有些作品為外甥女），即是日後與崔斯坦相戀的依索德。

雙方經過半天以上的激鬥，最後崔斯坦險勝馬霍路特。儘管因為打倒著名騎士而聲名大噪，崔斯坦卻中了馬霍路特劍上的毒而越來越衰弱。於是他化名為特拉姆崔斯特，接受依索德的治療而撿回一命。這即是二人的邂逅。

在崔斯坦傳說裡，傷勢痊癒後崔斯坦還消滅了棲息在愛爾蘭的龍。原因在於愛爾蘭國王發出告示，只要打倒害人民受苦的惡龍，就把女兒依索德嫁給該位勇者。龍的鱗片與爪子十分堅硬，用劍無法刺穿，後來崔斯坦把劍插進龍的下巴刺穿心臟，才成功打倒了惡龍。

但是，崔斯坦並非為了自己，而是為了叔父馬克王才接下危險的屠龍任務。

與依索德之間的悲戀

馬克王想娶愛爾蘭公主依索德為妻。崔斯坦擔任使者前往愛爾蘭，如同前述打倒了惡龍獲得求婚權，順利讓依索德成為王后。

依索德本人對崔斯坦又愛又恨，崔斯坦也對依索德抱持好感，但因為顧及與叔父間的關係而選擇放棄。另一方面，在依索德啟程前往康瓦爾前，她的母后為使嫁到敵國康瓦爾的女兒能得到馬克王疼愛過著幸福的生活，於是偷偷將春藥交給侍女。沒想到在前往康瓦爾的船上，崔斯坦與依索德誤飲了春藥。

不久，馬克王與依索德便在康瓦爾舉行婚禮。然而春藥的效果卻使崔斯坦與依索德無法斬斷對彼此的情意，二人便決定要相愛一生。

誤飲春藥的崔斯坦與依索德。1867 年，英國畫家但丁・加百列・羅塞堤繪。

崔斯坦與依索德幽會了好幾次。儘管二人並未留下偷情的證據，也很巧妙地避開周遭的追問，可是二人的心意昭然若揭，馬克王對於妻子私通姪子一事相當不悅。最後崔斯坦就被馬克王逐出宮廷了。

與最愛之人分離後，崔斯坦為了化解悲傷而四處旅行，最後還成為亞瑟王的圓桌騎士。在《亞瑟之死》中，崔斯坦以圓桌騎士的身分參與了數場冒險。

與崔斯坦結婚的「素手依索德」。以 1862 年，英國畫家愛德華．伯恩瓊斯的畫為範本製成的花窗玻璃。

悲劇性的死亡

崔斯坦因為愛上依索德而走向悲劇性的結局，不過這段內容視作品而有所差異。

在中古時期法蘭西創作的崔斯坦故事中，崔斯坦最後來到布列塔尼（今法國西北部），在周遭的勸說下娶了公主「素手依索德」（故事裡為區別前述的依索德而這麼稱呼她。同樣的，前述的依索德則稱為「金髮依索德」）。即使結了婚，他仍舊無法斬斷對依索德的情意。

某日，崔斯坦被毒劍所傷，他想起從前依索德為自己療傷的事，便派使者到康瓦爾請她過來布列塔尼。依索德二話不說，為了心愛的崔斯坦立刻趕往布列塔尼。但是，嫉妒依索德的「素手依索德」卻騙崔斯坦：「她沒有來。」

以為自己遭到情人拋棄的崔斯坦過於絕望，不久就死了，隨後趕到的依索德也攀在他的棺木上死去。

而在《亞瑟之死》中，崔斯坦與依索德則是私奔，在蘭斯洛特的藏匿下過著幸福生活，最後崔斯坦在為依索德彈奏豎琴時遭馬克王偷襲而死。

相偎長眠的崔斯坦與依索德。1911 年，西班牙畫家羅傑洛・德・艾格斯奇薩（Rogelio de Egusquiza）繪。西班牙畢爾包美術館藏。

歌劇《崔斯坦與依索德》

十九世紀德國作曲家華格納（Wilhelm Richard Wagner）製作的歌劇《崔斯坦與依索德》，就是以崔斯坦這段悲戀故事為題材。劇情大致上與傳說相同，不過「素手依索德」並未在歌劇中登場。

崔斯坦得知依索德趕來為自己治療後開心過度，不顧自己還在流血就扯掉繃帶奔向依索德，最後死在心愛的女人懷裡。依索德見情人死去大受打擊，隨後也香消玉殞。

馬克王得知二人是受春藥影響才相戀後，為了和解而趕往崔斯坦的住所，但是二人早已透過死亡得到永遠的愛。

毀滅王國的不義騎士

莫瑞德

【人名】莫瑞德
【拼法】Mordred
【活躍國家】英格蘭

圓桌騎士莫瑞德是亞瑟王與同母異父姊姊莫歌絲之間的私生子。他不僅向亞瑟王揭露也是圓桌騎士一員的蘭斯洛特（➡二十頁）與桂妮薇兒王后的不倫戀情，更反叛亞瑟王導致王國毀滅。

莫瑞德的起源

一般認為莫瑞德這個角色的原型是英格蘭的古老文獻中，於六世紀跟名叫亞瑟的國王同日死去的外甥梅德勞特（Medraut）。該文獻並無亞瑟王與梅德勞特交戰的記述，不過從當時的諸多狀況推斷二人應該是對立關係。

遭到詛咒的身世

莫瑞德是亞瑟王在與桂妮薇兒王后結婚之前，跟同母異父姊姊莫歌絲一夜溫存所生的兒子。因此，莫歌絲與丈夫洛特王（King Lot）所生的高文兄弟，跟莫瑞德為同母異父的兄弟關係。

犯下亂倫罪當時，亞瑟王尚不清楚自己的身世，亦不知道莫歌絲是自己的姊姊。不過，事後他做了獅鷲（鷲頭獅身的怪物）摧毀王國的不祥之夢。

此外再加上魔法師梅林預言：「五月一日出生的

戰場上的莫瑞德。1902年，英國畫家H.J.福特（Henry Justice Ford）繪。

孩子將毀滅亞瑟王與王國。」因此這天誕生的孩子全被集中起來流放到大海上。襁褓中的莫瑞德也不例外，但他的船奇蹟似地被打上岸，後來被善良的漁夫撿回去撫養到十四歲。

他在宮廷裡與高文等人相認後，兄弟經常一起行動。

引導年輕騎士

莫瑞德因為促成王國毀滅而給人毒辣的印象，不過他其實很受騎士同伴的信賴，在這起事件發生之前他的行動都是基於正義。

《亞瑟之死》（⬇十三頁）中收錄了〈寬大衣（La Cote Mal Taillée）〉這篇故事。宮廷裡有位名叫布魯諾（⬇二百一十九頁）的年輕騎士，因為穿著不合身的大衣而有「寬大衣」的綽號。某天他接受一位美麗少女的請託，出發去冒險。

莫瑞德加入二人的行列，協助首度冒險的年輕騎士。每當少女抱怨尚不成氣候的布魯諾，莫瑞德就會訓示少女，看到布魯諾摔下馬背也替他講話：「沒辦法，畢竟騎馬戰鬥需要經驗累積嘛！布魯諾徒步戰鬥時都有很好的表現。」

只不過當蘭斯洛特追上來加入布魯諾他們後，莫瑞德就離開他們回到宮廷了。

王國的崩壞

極為繁榮的亞瑟王王國與圓桌騎士的情誼，最後毀於蘭斯洛特與桂妮薇兒王后的不倫戀情，以及亞瑟王亂倫所生的莫瑞德之手。

莫瑞德與同伴策劃逮住跟王后幽會的蘭斯洛特。沒想到蘭斯洛特奮力反抗，殺光了莫瑞德以外的騎士後逃逸，更從刑場帶走桂妮薇兒，演變成亞瑟王與蘭斯洛特全面對決的情況。

亞瑟王派兒子莫瑞德留守王國，自己則出兵到蘭斯洛特的領地。沒想到莫瑞德趁機散布「亞瑟王戰死」的假消息，並擅自舉行加冕儀式篡奪王位。由於不少人認為亞瑟王在位期間戰事不斷，治國無方，因此當時國內大部分的貴族都站在莫瑞德這邊。

得知莫瑞德造反的亞瑟王，在震怒之下立即返回王國。最終決戰「劍欄之戰」據說戰況相當慘烈，亞瑟王與莫瑞德的軍隊幾乎都陣亡了。最後亞瑟王找到休息中的莫瑞德，與他單挑對決，以兩敗俱傷雙雙死去告終。

在劍欄之丘與莫瑞德戰成平手的亞瑟王。1917 年，英國畫家亞瑟．拉克姆（Arthur Rackham）繪。

這部精彩的騎士文學由莫瑞德拉下終幕，然而事實上《亞瑟之死》裡幾乎沒有描寫到他叛亂的動機。他是如何看待父親亞瑟王的呢？這一點只能任由讀者想像了。

所謂的騎士

中古時期歐洲戰場上的主角，是身穿盔甲騎馬作戰的重裝騎兵。至於騎士則是一種名譽稱號，指經過一定的訓練後，得以成為騎兵上場作戰的戰士。

因此，騎士不見得是貴族或農民之類的身分地位表示。即便是國王的兒子，也必須經過修行才能成為騎士，反過來說，看到國王身穿盔甲上戰場便可知道他是騎士。

只不過昂貴的盔甲與劍等裝備都必須自行打理，因此事實上能成為騎士的人只有貴族階級而已。

成為騎士的過程

出生在貴族家的孩子，到了七歲左右就會送去親戚家當童僕。他們先在那裡學習宮廷禮儀，接著從照料馬匹和保養武具等工作展開騎士修行。大致上十四歲就能成為見習騎士（Esquire），除了訓練武藝外，還要跟著主人去打獵或上戰場累積實戰經驗。當然也要學習兵法等學問。如果這時發現孩子不適合當騎士，就會送進教會改當神職人員（貴族子弟成為神職人員的情況並不罕見）。

經過重重鍛鍊後，到了二十歲左右就會由領主冊封為騎士，這時才總算能以獨當一面的騎士身分於戰場上作戰。

地主化的騎士

大部分的騎士都有自己的領地，非戰爭期間就經營自己的土地。因此騎士也可算是地方領主。

不過隨著時代變遷，火器與步兵的重要性與日俱增，騎士逐漸失去在戰場上的地位。騎士的稱號也隨之轉為代表次於小領主、貴族的社會階級。

查理曼傳奇
Matter of France

查理曼傳奇解說

查理曼是真實存在於八世紀後半葉至九世紀的法蘭克王國（今法國）國王。他征服了相當於今天的法國、德國、義大利等土地，於在位期間建立超大帝國。

這位偉大征服者的生平事蹟逐漸變成傳說，並出現許多以查理曼和麾下騎士為題材的故事。這些便集結為查理曼傳奇。

史實中的查理曼

・大帝國的統治者

從登基到駕崩期間，查理曼總共發動多達五十三次的遠征。不僅征服歐洲各地，建立偉大的王國，也跟伊斯蘭教徒交戰過。查理曼死後領地由三名孫子平分繼承，亦即現在的法國、德國、義大利的雛型。

・歐洲的皇帝

教宗承認建立龐大王國的查理曼為西元前至四世紀統治歐洲的「古羅馬帝國」繼承者，並為他加冕為皇帝。這頂皇冠後來由治理德意志地區的神聖羅馬帝國（➡二百零三頁）皇帝繼承。

・基督教徒的庇護者

查理曼死後數百年，基督教徒組成十字軍遠征伊斯蘭教徒的領土。曾與伊斯蘭教徒作戰的查理曼成了士兵們崇拜的對象。查理曼傳奇就在這樣的時代背景下盛行於十字軍東征時期。

傳說中的查理曼

查理曼傳奇的作品，主題視創作時代而

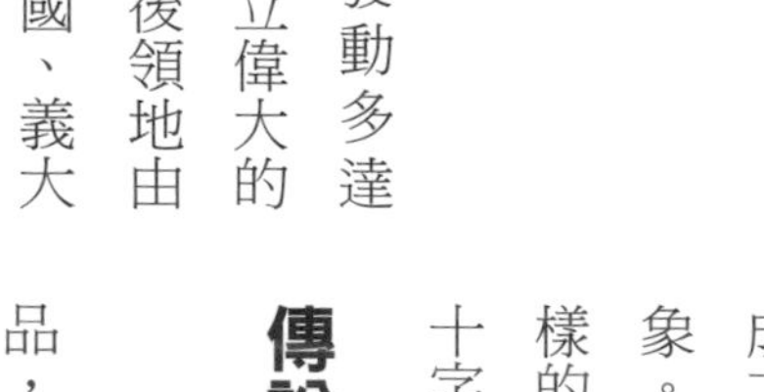

異。十字軍東征時期創作的作品以對抗伊斯蘭教徒的戰爭為主。

後來所創作的作品則反映當時的流行，著重於宮廷裡騎士們的戀愛故事。

• **《羅蘭之歌》**

十一世紀末誕生於法蘭西的武功歌。查理曼曾遠征至西班牙的伊斯蘭教國家並獲得勝利。卻因為宰相加尼隆（Ganelon）叛國，導致以查理曼的外甥羅蘭為首的騎士們於國境隆司佛山隘（Roncevaux Pass）壯烈犧牲。

• **《瘋狂奧蘭多》**

十五世紀義大利詩人亞里奧斯托（Ludovico Ariosto）所寫的作品。奧蘭多（Orlando）為羅蘭的義大利語讀法。作品以查理曼和伊斯蘭教徒的戰爭為主軸，不過當中也加入不少騎士們的戀愛故事。標題則是取自羅蘭因失戀而發瘋的小插曲。此外，作品還含有許多魔法師、飛馬等奇幻要素。

查理曼十二勇士

傳奇當中有十二名查理曼最親近、最信賴的騎士。

除了首要的查理曼外甥羅蘭（➡四十八頁）之外，還有羅蘭的朋友奧利佛（➡五十四頁）、既是大主教又是劍術高手的楚賓（Turpin）等人。不過成員視作品而異，並非都是同樣的十二個人。

隆司佛山隘戰役

《羅蘭之歌》的題材——隆司佛山隘的敗仗其實是歷史事件。七七八年，查理曼的軍隊從西班牙撤回法蘭西的途中，遭到分布在國境庇里牛斯山的巴斯克人（Basque）襲擊，導致後衛部隊全軍覆沒。大帝的外甥羅蘭伯爵也在當時戰死。

故事就是以這起事件改編而成。

法蘭西第一勇者

羅蘭

【人名】羅蘭
【拼法】Roland
【活躍國家】法蘭西

查理曼十二勇士（➡四十七頁）之首羅蘭，是查理曼（➡四十六頁）的外甥，不僅擁有高貴的血統，在法蘭西更是武藝無人可比的勇士。可惜缺點是有勇無謀，時常不聽周遭勸告，或為了目的而放棄任務。

他擁有名劍杜蘭德爾（Durandal）、名駒威蘭提夫（Veillantif）以及一把號角（Oliphant）。關於杜蘭德爾的由來眾說紛紜，在《羅蘭之歌》（➡四十七頁）中為天使透過查理曼授予的寶劍，在《瘋狂奧蘭多》（➡四十七頁）等作品裡，則是希臘神話英雄赫克特（Hector）所用的劍。

此外，《瘋狂奧蘭多（Orlando Furioso）》裡的羅蘭全身皮膚皆硬如鑽石，刀槍不入。

歷史中的羅蘭

羅蘭是參考真實人物創造出來的角色。八世紀查理曼統治法蘭西期間，負責治理法蘭西西北部邊境地區布列塔尼的即是羅蘭伯爵。另外還有紀錄顯示，這位羅蘭伯爵於七七八年查理曼軍隊在法、西邊境隆司佛山隘潰敗時戰死（➡四十七頁）。

不過，能從史書上得知的資料只有這幾點，至於那些非凡的英勇事蹟全是

位於德國不來梅市的羅蘭像。
©Pouriya Hosseini

創作下的產物。

查理曼的平民外甥

查理曼傳奇裡的羅蘭，他的身世有許多種版本，內容大致如下：

查理曼有個妹妹。她還沒婚嫁卻已有了身孕，由於這在基督教的價值觀中是不被允許的，因而被查理曼逐出宮廷。妹妹歷經艱辛，最後在洞窟裡產下兒子，這個孩子就是羅蘭。

數年後，長成翩翩少年的羅蘭與附近的孩子成為玩伴。當時認識的鎮長之子奧利佛（➡五十四頁）正是日後的查理曼十二勇士之一，亦是羅蘭一生的摯友。

過了幾年，查理曼湊巧來到羅蘭母子居住的城鎮附近。這時母親向查理曼麾下的騎士表明身分，羅蘭才得以受到查理曼賞識，被舅舅查理曼帶回法蘭西宮廷養育。

羅蘭成年後，便成為十二勇士之首支持查理曼的統治。

Fig. 9.—Portrait of Charlemagne, whom the Song of Roland names the King with the Grizzly Beard.—Fac-simile of an Engraving of the End of the Sixteenth Century.

查理曼大帝的肖像。圖片來自 16 世紀末出版的《羅蘭之歌》插畫。

《瘋狂奧蘭多》

這部十五世紀於義大利創作的作品，標題就是取自羅蘭因失戀大受打擊而發狂的插曲。而那位害羅蘭失戀的對象，則是來自東方的契丹（中古時期的歐洲對中國的稱呼）公主——絕世美女安潔莉卡（Angelica）。

羅蘭為了安潔莉卡拋下騎士的職務，不僅在契丹國的防衛戰中出過力，還破壞魔女的庭園救出遭囚禁的騎士，經歷許多危險的戰鬥。但其實安潔莉卡是個精明的女人，她並不愛羅蘭，她只是利用他而已。發覺自己失戀的當下，羅蘭失去理智，變成一個只會像野獸那般在山野作亂的瘋子。

讓羅蘭恢復理智的是十二勇士中的艾斯托爾福（Astolfo）。當時基督教聖人約翰與先知以利亞出現在艾斯托爾福面前，將他帶到月球上。月球上保存著人間遺失的各種事物，羅蘭的「深思熟慮」也在其中。聖約翰告訴艾斯托爾福，羅蘭本該是真正的勇者，卻只顧著追求異教徒女性（安潔莉卡），所以奪走他的理性做為懲罰。從月球返回人間後，艾斯托爾福讓羅蘭喝下「深思熟慮」的藥水，他才終於恢復自我。

與海怪歐克的死鬥

在《瘋狂奧蘭多》中，還有一則羅蘭打倒海中怪物的插曲。

離開法蘭西四處旅行的羅蘭，在途中發現一名美麗的少女被綁在海邊的岩石上。原來這片海裡住著虎頭魚身的巨大怪物歐克（Orc），居民打算把少女當成活祭品獻給海怪。

手持船錨與海怪歐克作戰的羅蘭。1877 年，法國畫家古斯塔夫・多雷（Gustave Doré）繪。

不久歐克就出現了，牠是一隻大到足以覆蓋整個海面的怪物。這時羅蘭搭乘小船闖進歐克的大嘴裡，用巨大的船錨刺穿歐克的舌頭和上顎，使牠無法閉上嘴巴。

羅蘭在嘴巴裡大肆攻擊，逼得歐克翻身想逃回海底，但是羅蘭用盡力氣拉住綁在錨上的粗繩，經過一番拉扯後終於把海裡的歐克拖上陸地，成功打倒了牠。

隆司佛山隘的血戰

《羅蘭之歌》是以史實中的隆司佛山隘戰役為題材，描寫羅蘭等勇士們壯烈犧牲的始末。

在查理曼時代，伊比利半島上正盛行復地運動（➡一百三十五頁），基督教徒與伊斯蘭教徒互相爭奪領土。查理曼也參與這場運動，遠征至西班牙的伊斯蘭教國家並獲得勝利。

然而就在軍隊從西班牙撤回法蘭西的途中，負責殿後（在隊伍最後方留意敵兵追擊）的羅蘭軍隊卻在邊境的隆司佛山隘遭到西班牙大軍攻擊。原來是法蘭西宰相加尼隆為了除掉羅蘭這個眼中釘，而勾結西班牙國王。

羅蘭的軍隊有二萬人，西班牙的軍隊為十萬人，情勢明顯不利於羅蘭。奧利佛多次勸他：「趕快吹號角向查理曼討救兵。」但羅蘭認為此舉是「騎士之恥」，堅持不接受奧利佛的建議。

羅蘭與法蘭西士兵力拼數量比他們多好幾倍的敵兵，羅蘭自己也英勇奮戰擊倒了眾多敵人。但畢竟寡不敵眾，士兵們一個個倒了下去。總算領悟到危機的羅蘭使勁吹響號角，可惜查理曼的援軍終究沒能趕上。西班牙軍隊潰敗而逃，羅蘭的軍隊也全軍覆沒。

戰爭結束之際，羅蘭於臨死前拿劍敲打岩石企圖折斷它，以免名劍杜蘭德爾落入敵人之手。沒想到名劍毫無損傷，反而是岩石被劍砍裂。最後羅蘭也沒了氣息，天使領著他的靈魂前往天堂。

事後查理曼處決了叛徒加尼隆，這才洗刷了羅蘭等法蘭西戰士的遺恨。

儘管是一則悲劇故事，《羅蘭之歌》在中古時期的歐洲相當受到歡迎。原因或許就是他們的壯烈犧牲與對國王的忠誠之心，博得了騎士們的同情與嚮往吧！

羅蘭在隆司佛山隘戰役中，於臨死前吹響號角。1883 年，法國畫家阿爾馮・德・努維爾（Alphonse-Marie-Adolphe de Neuville）繪。

勇者的幫手

奧利佛

【人名】奧利佛
【拼法】Olivier
【活躍國家】法蘭西

查理曼十二勇士（➡四十七頁）之一的奧利佛，是十二勇士之首羅蘭（➡四十八頁）的兒時玩伴與摯友。大部分的作品都將他描寫成深謀遠慮的騎士，負責規勸勇敢但經常失控的羅蘭。此外，有些作品把他當成羅蘭的表兄弟。

在《羅蘭之歌》（➡四十七頁）中，他持有「奧托克雷爾（Hauteclaire）」這把以黃金和水晶裝飾的劍。

勇者的兒時玩伴

羅蘭的母親是查理曼（➡四十六頁）的妹妹，因未婚懷孕而被逐出宮廷，流落到奧利佛父親治理的城鎮附近。因此，奧利佛與羅蘭從小就玩在一塊。起初二人的關係很差，打了一架後才變成好朋友。不久羅蘭母子在查理曼的保護下回到法蘭西宮廷，二人因而分別了一段時間。直到長大後他們才在戰場上重逢。

奧利佛的祖父傑拉德（Gerard）原本是查理曼的臣子，後來因反抗查理曼而招致報復，城堡遭到重重包圍。勇敢的奧利佛一家人努力抵禦查理曼軍隊的猛烈攻擊，打了二個月還分不出勝負。最後二軍決定派代表一對一決鬥。

被選為代表的奧利佛與羅蘭在比試會場上重逢，不過由於盔甲包覆全身，彼此都沒發現對手正是昔日的好友。二人決鬥了二個小時仍分不出勝負，打到盾牌碎了劍也斷了，最後扭打成一團。他們幾乎同時扯掉對方的頭盔，這才終於發現對手的身分。

奧利佛與羅蘭立刻抱在一塊稱讚彼此。在旁邊觀戰的二軍人馬一時間搞不清楚狀況，隨後紛紛褒獎平分秋色的二人。事後二家也達成和解，奧利佛則到查理曼的宮廷任職。

此外，奧利佛有個妹妹叫做奧黛（Aude），她在《羅蘭之歌》裡是羅蘭的未婚妻。

與非洲軍隊的決戰

在查理曼傳奇作品之一《瘋狂奧蘭多》（➡四十七頁）中，奧利佛參與了對抗侵略法蘭西的穆斯林國王的決戰。

絲綢之國（Sericana，古代歐洲對中國的稱呼）的國王古拉達索（Gradasso）和非洲國王亞格拉曼（Agramante）決定用決鬥跟法蘭西分出勝負。非洲代表是二位國王和臣子索布利諾騎士（Sobrino），法蘭西則派出羅蘭、奧利佛和一名叫布朗德馬特（Brandimarte）的騎士。

在三對三的戰鬥中，奧利佛與亞格拉曼勢均力敵，但是索布利諾的劍刺中奧利佛的馬，害他被倒下的馬壓成重傷。不僅如此，布朗德馬特也陣亡了，幸好在羅蘭的奮戰下法蘭西才取得險勝。

勇士們的結局

《羅蘭之歌》描寫查理曼的騎士們在隆司佛山隘壯烈犧牲的始末。中古時期法蘭西創作的武功歌大多以英雄的功績和戰友堅定的情誼為主題，這部作品則以羅蘭和奧利佛的友情為描寫主軸。

查理曼的軍隊遠征位於今西班牙境內的伊斯蘭教國家，並順利獲得勝利。沒想到法蘭西宰相加尼隆卻背叛國王，與西班牙國王馬爾西留（Marsilla）共謀殺害眼中釘羅蘭。軍隊在西班牙返回法蘭西途中，羅蘭率領的二萬士兵遭到西班牙十萬大軍包圍。

跟隨羅蘭的奧利佛屢次勸他：「趕快吹響號角向查理曼討救兵。」羅蘭卻總是說：「此舉是騎士之恥！」怎麼也不肯接受奧利佛的意見。二軍就在他們僵持不下的期間交鋒，奧利佛只好抱著必死的決心大顯身手斬殺眾敵。

眼見法軍死傷慘重，羅蘭這才開始煩惱：「是不是該吹號角？」結果奧利佛立刻回嗆：「現在已經太遲了！」並責備羅蘭：「你要負起害法蘭西全軍覆沒的責任。」

描繪隆司佛戰役的掛毯。1475 年至 1500 年間的作品。英國維多利亞與亞伯特博物館藏。©Marie Therese Ross

激戰中奧利佛被長槍刺穿背部受了致命傷，最後連眼睛都看不見，還誤砍了摯友羅蘭。不過羅蘭只是悲嘆，並未責備即將死去的好友。不久，祈禱法蘭西獲得神助的奧利佛便離開了人世。羅蘭雖然為奧利佛的死感到悲傷，但仍奮戰到最後一刻，結果羅蘭軍隊全軍覆沒。

二人的友情與悲劇性的結局打動了中古時期人們的心，後來羅蘭與奧利佛的名字還被拿來代稱摯友。

流著古代英雄血脈的戰士

路杰洛

【人名】路杰洛
【拼法】Ruggero
【活躍國家】法蘭西

路杰洛是擁有希臘神話英雄赫克特血統的名門戰士，勇氣與武藝亦不輸給羅蘭（➡四十八頁）與其他查理曼十二勇士（➡四十七頁）。

不過，路杰洛在故事的初期卻是查理曼的敵人。他出生在與法蘭西敵對的非洲，原本是穆斯林戰士，但在交戰期間與十二勇士的李納多（➡六十二頁）之妹布拉達嫚特（Bradamante）相戀，之後便成了羅蘭他們的同伴。

路杰洛騎著駿鷹，解救即將被海怪吃掉的公主。順帶一提，羅蘭也曾跟這隻海怪交戰過（➡51 頁）。1819 年，法國畫家安格爾（Jean-Auguste-Dominique Ingres）繪。

女戰士瑪爾菲莎（Marfisa）是路杰洛的雙胞胎妹妹，起初她也以伊斯蘭教徒的身分對抗羅蘭他們，不過後來就跟哥哥一起改信基督教。

路杰洛在作品中使用的是祖先赫克特的盔甲與魔法劍巴利薩爾達（Balisarda）。這把劍原本是魔女為了殺害羅蘭而鍛造的，結果輾轉傳到路杰洛手中。他還得到可蒙蔽敵人雙眼的魔法盾牌，以及鷹頭馬身的駿鷹（hippogriff），不過他在半途就捨棄了這些東西。

藏在深閨的魔法師養子

路杰洛小時候被魔法師奧特蘭堤（Atlante）抓走。奧特蘭堤預知「路杰洛若來到俗世成為基督教徒，就會不得好死」，因此絕口不提他的身世，並將他藏起來偷偷撫養。然而路杰洛卻不知奧特蘭堤的擔憂，應穆斯林國王們的邀約離開了奧特蘭堤的隱居之處。

但是奧特蘭堤並未死心，之後仍數次利用魔法陷阱硬把路杰洛帶回去。每當路杰洛被奧特蘭堤帶走，女騎士布拉達嫚特便為了救他而東奔西走。

與女騎士布拉達嫚特的戀情

李納多的妹妹布拉達嫚特雖然是女性，卻有著足以匹敵十二勇士的勇氣與武藝，在與伊斯蘭教勢力的戰爭中以女騎士的身分上場作戰。路杰洛在戰場上對美麗又英勇的她一見鍾情，而布拉達嫚特也對彬彬有禮的敵手路杰洛頗有好感。二人很快就墜入愛河。

不過，由於奧特蘭堤百般阻撓以及雙方的敵對立場，使他們無法隨心所欲地談戀愛。

當奧特蘭堤施展魔法抓走路杰洛時，布拉達嫚特便借助魔女梅麗莎（Melissa）的力量前去救他。奧特蘭堤擁有可以蒙蔽雙眼的魔法盾牌（日後盾牌將會落在路杰洛手中），不過布拉達嫚特事先學會了閃避魔法的方法，於是她假裝被盾牌的魔法擊倒再趁機打敗奧特蘭堤。此外她還對哀嘆路杰洛命運的奧特蘭堤回嗆：「連自己的失敗都無法預知的人，又怎麼有辦法預言路杰洛的命運。」

另外，布拉達嫚特出身名門貴族，但路杰洛在查理曼的宮廷任職後仍然沒有地位與領地，二人的婚事因而遭到布拉達嫚特的雙親反對。布拉達嫚特還差點被當成政治聯姻的工具，嫁給拜占庭帝國（東方的基督教國家）的皇子里昂（Leone），後來她附上「如果對方的武藝比我強就結婚」的條件才暫緩這樁婚事。

沒想到路杰洛不僅被情敵里昂救了一命，還要當他的替身與布拉達嫚特一較高下。苦惱歸苦惱，路杰洛仍無法背叛救命恩人，只好下定決心打敗布拉達嫚特讓他們結婚。

這時，路杰洛的妹妹瑪爾菲莎前來幫助絕望的哥哥。她讓宮廷的人們都曉得：「打贏布拉達嫚特的男人其實是路杰洛。」至於里昂並未怨恨篤實的路杰洛，反而選擇主動退出。儘管布拉達嫚特的雙親依舊反對，但由於路杰洛曾幫助過的保加利亞人民答應「將來會讓他成為國王」，二人才得以如願結為連理。

義大利望族的始祖

魔女梅麗莎告訴女騎士布拉達嫚特她與路杰洛的未來。1877 年，古斯塔夫・多雷繪。

作品中暗示奧特蘭堤的擔憂成真了，路杰洛成為保加利亞的國王七年後遭到暗殺，而布拉達嫚特與瑪爾菲莎則替他報了仇。

此外，據說路杰洛與布拉達嫚特的子孫，最後成為中古時期義大利望族愛斯特家（House of Este）的始祖，獲得更大的榮譽。

騎乘名駒的騎士

李納多

【人名】李納多
【拼法】Rinaldo
【活躍國家】法蘭西

李納多是查理曼十二勇士之一，武藝僅次於十二勇士之首羅蘭（⬇四十八頁）。羅蘭等其他騎士經常擅自行動，李納多卻是會忠實完成查理曼任務的老實人。

他擁有名駒貝爾德（Bayard）和魔法劍福斯貝爾塔（Fusberta）。貝爾德原本是高盧的阿瑪迪斯（西班牙著名騎士文學的主角。⬇八十六頁）的馬，被視為世上最棒的名駒，脾氣高傲只服從勇敢的騎士。李納多經過一番折騰後，總算讓貝爾德承認自己是主人。

李納多出身名門貴族，在《瘋狂奧蘭多》（⬇四十七頁）裡是查理曼的外甥。另外，他的妹妹女騎士布拉達嫚特（⬇六十頁）與表兄弟魔法師馬拉吉吉（Malagigi）等族人也常出現在查理曼傳奇中。

另外，李納多為義大利語讀法，法語則讀做雷諾德。不過，由於他主要出現在義大利語的作品當中，一般多採用李納多這個稱呼。

《雷諾德・蒙特班》

李納多在十二世紀於法蘭西創作的查理曼傳奇作品之一——武功歌《雷諾德・蒙特班（Renaud de Montauban）》中擔任主角。

反抗查理曼的愛蒙公爵（Aymon）有四名兒子，長男（部分文獻為次男）李納多是極為傑出的戰士。愛蒙公爵的家族經過漫長的戰鬥，最後被查理曼的軍隊逼入絕境，以獻上名駒貝爾德為條件與查理曼和解。貝爾德在這部作品裡，是一匹可載著四兄弟以驚人速度奔馳的名駒。

《雷諾德・蒙特班》的插畫。貝爾德同時載著四兄弟。1458 年或 1462 年的作品。比利時國立列日大學圖書館藏。

在查理曼的命令下，貝爾德被綁上重物，差點遭人丟進河裡，最後牠自己掙脫逃進森林中。而戰事結束後，李納多就放下劍成為朝聖者度過餘生。

紳士李納多的冒險

李納多在《瘋狂奧蘭多》中，有不少對女性展現紳士風範的插曲。

李納多奉查理曼之命前往蘇格蘭，在當地得知吉妮薇亞公主（Ginevra）即將因通姦罪遭到處刑。其實吉妮薇亞有位情人名叫亞歷歐旦特（Ariodante），但亞歷歐旦特卻在愛慕她的男人設計下自殺了，吉妮薇亞也蒙受不白之冤。

李納多盡全力幫助吉妮薇亞，帶了一名用頭盔遮住臉孔的神祕男子來到審判會場。原來是亞歷歐旦特，眾人以為他已經死了，其實他還活著。李納多打敗了愛慕吉妮薇亞的男人，也順利捍衛了她的名譽。最後吉妮薇亞和亞歷歐旦特如願結為夫妻。

在另一則故事中，有人給李納多一只可測試妻子愛情的魔法杯，結果他以：「測試愛情是愚蠢之舉。」為由拒絕使用。

姍姍來遲的李納多

以羅蘭為首的查理曼十二勇士，幾乎都因法蘭西宰相加尼隆的背叛，戰死在隆司佛山隘戰役（⬇四十七頁）。不過，李納多並未出現在描寫這場戰役的《羅蘭之歌》裡，後來於義大利創作的作品裡也是描寫他中途才參與戰爭。

發生這場戰役時，李納多和他的兄弟遠在埃及，儘管表兄弟魔法師馬拉吉吉趕緊命惡魔帶他們回來，但他們趕到時戰況已非常激烈。李納多兄弟們果敢地加入戰鬥仍為時已晚，法軍幾乎全軍覆沒，倖存下來的只有李納多兄弟，以及大主教楚賓而已（在《羅蘭之歌》中楚賓也戰死了）。

《瘋狂奧蘭多》裡，李納多前往決鬥會場的場景。1877 年，法國畫家古斯塔夫·多雷繪。

另外，這場戰役使查理曼失去麾下幾乎所有的騎士。或許是意志消沉的緣故，戰爭過後再也看不到過去的名君風範。就連長年服侍查理曼的李納多，也因為一點瑣事而惹查理曼不高興，最後不得已離開宮廷。

最後一個妝點查理曼宮廷的騎士李納多離開後，所有的騎士便全都不在了。這也意味著輝煌的時代終於劃下句點。

騎士冊封儀式

想要成為騎士，必須經過一定的修行，然後由領主或國王任命為騎士才行。受勳時會舉行騎士冊封儀式，騎士冊封儀式又稱為劍禮。

冊封的規矩

騎士冊封儀式通常會跟國王的加冕儀式等賀宴一起舉行。

根據十二世紀法蘭西的資料，冊封的步驟如下：

由貴婦冊封為騎士的年輕人。1901年，英國畫家艾德蒙·雷頓（Edmund Leighton）繪。

受勳的騎士必須在前一晚於教堂徹夜禱告。當天沐浴淨身後，換上絢麗的服裝來到眾人面前，獲頒馬匹、馬刺（騎馬時裝在腳上的工具）、鎧甲、劍等一套裝備。年輕人再將剛獲得的整套裝備穿戴在身上，於眾人面前展現自己的英姿。

冊封儀式結束後還會舉辦盛大的馬上長槍比武等競賽，讓騎士們充分展現自己的勇氣與武藝。

冊封儀式的起源

這種冊封儀式可以追溯至日耳曼人（分布在今德國、波蘭地區的民族）傳統的授予武具習俗。年輕人在獲贈劍等武器與盔甲、馬匹之後，才會被視為獨當一面的成年人。

中古時期的騎士冊封儀式亦有成年禮的含意，尚未受勳者是不許結婚的。不過受勳的年齡因人而異，也有過了二十五歲才終於當上騎士的例子。

其他傳說與創作

Fictional Knights

虛構的騎士們

描寫騎士活躍事蹟的故事，以亞瑟王傳奇（➡十二頁）和查理曼傳奇（➡四十六頁）最為有名，除此之外尚有許多出色的騎士文學。畢竟無論哪個時代，人們都會被英勇的騎士冒險故事所吸引。

本章就從流傳至今的中古時期以前的故事以及近世以後的創作，挑選出幾名具代表性的角色為各位介紹。

騎士故事的主題

所謂的騎士故事也是有各式各樣的主題。在此簡單分類本章列舉的騎士。

・英雄敘事詩

人們透過神話或民間故事的形式，將自己民族的英雄事蹟流傳下去。這應該就是騎士文學的起源吧！

➡齊格飛（七十四頁）、希爾德布蘭德（一百一十六頁）、布倫奇維克（一百二十八頁）

・宗教文學

與基督教有關的著作當中，亦有不少為信仰而戰的騎士故事。

➡聖喬治（七十頁）、伊森布拉斯（九十頁）、瓦立克的蓋伊（九十八頁）

・宮廷敘事詩

為宮廷的王公貴族所創作的故事裡，有不少浪漫的騎士與貴婦之戀。

➡高盧的阿瑪迪斯（八十六頁）、桑特雷的約翰（九十四頁）、羅恩格林（一百二十頁）、唐懷瑟（一百二十四頁）

・近代以後的小說

近代小說家也常以騎士做為故事題材，主題相當多樣化。

➡伊凡霍爾（八十頁）、達太安（一百零六頁）、三劍客（一百一十頁）、唐吉訶德（一百零二頁）

遺留在冰島的騎士故事

離歐亞大陸及大不列顛島有些遠的冰島，不知為何也將歐洲各地的騎士故事當成神話流傳下來。

乍聽之下會覺得匪夷所思，不過這是因為廣泛分布在歐洲北部的日耳曼民族自九世紀起就移居到冰島的緣故。

他們在拓殖冰島的同時也整合了日耳曼民族的傳說。愛達（Edda）與薩迦（Saga）等詩歌文學中，也看得到德意志英雄齊格飛（➡七十四頁）與北義大利國王狄特里希（➡一百一十六頁）的故事。

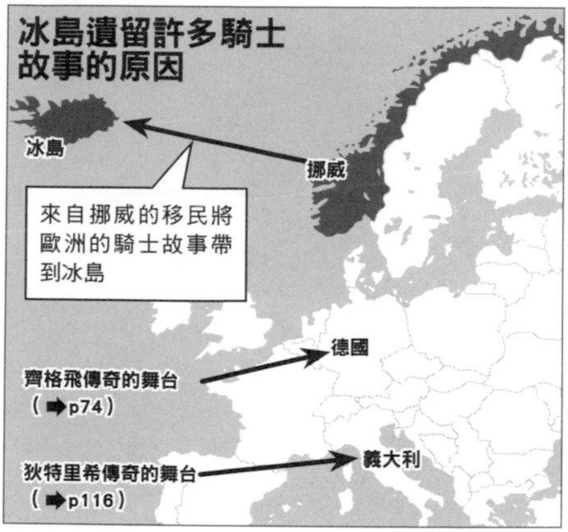

西班牙遲來的流行

直到十五世紀末，伊比利半島都在進行基督教徒發起的復地運動。而騎士文學所講述的基督教徒與伊斯蘭教徒的爭鬥，對西班牙人民而言是很切身的事情。

騎士文學在西班牙國內也很受歡迎，尤其在十六世紀初復地運動結束後不久更是爆發大流行。此時騎士精神已是過去的產物，然而人們卻像是要反抗社會的急遽變化般，著迷於理想騎士的故事。

當時最熱門的作品就是《高盧的阿瑪迪斯》（➡八十六頁）。

不過，由於人們過於熱中的關係，使得熱潮到了十七世紀就立刻消退。這股退潮的起源是一部諷刺騎士文學的作品《唐吉訶德》（➡一百零二頁）。

屠龍的聖騎士

聖喬治

【人名】聖喬治
【拼法】Saint George
【活躍國家】英格蘭

在古今中外的英雄故事裡，消滅怪物可說是戰士的榮譽，其中又以屠龍最為特別。

聖喬治（拉丁語則讀做「Sanctus Georgius」）不僅是實際存在的基督教聖人，在虛構故事裡亦是屠龍騎士的先驅。

《黃金傳說》

十三世紀義大利大主教耶可布斯・德・沃拉秦（Jacobus de Voragine）所寫的聖人傳《黃金傳說》中，亦有描寫屠龍騎士聖喬治的活躍事蹟。

北非利比亞城市希列（Silene）的湖泊裡棲息著惡龍，牠所吐出的毒氣害死了許多人。希列國王與人民只好含淚將公主當成活祭品獻給惡龍。

這時聖喬治正好路過，聽公主說完事情始末後便決定消滅惡龍。他毅然揮舞長槍刺中惡龍，並且指示公主：「把腰帶套在龍的脖子上。」公主按照指示行動後，只見惡龍縮小到跟小狗差不多的尺寸。

聖喬治將安分下來的龍帶到國王與民眾的面前，告訴他們：「只要你們改信基督教，我就幫你們殺了這條龍。」公主的父王

與惡龍作戰的聖喬治浮雕。16世紀初，法國雕刻家米歇爾・哥倫布（Michel Colombe）雕製。現羅浮宮博物館藏。

率先答應，全國國民也都受洗成為基督教徒。最後聖喬治便拔劍屠龍，拯救了國家。

另外，《黃金傳說》裡並未特別提及聖喬治的武器，而在十七世紀創作的衍生作品《基督教界的七勇士》（The Seven Champions of Christendom，理察・傑森〔Richard Johnson〕著）中則提到聖喬治用的是名為「阿斯卡隆（Ascalon）」的劍。

史實中的聖喬治

聖喬治原本是歐洲自古以來崇敬的聖人之一。他出身自小亞細亞的卡帕多奇亞（Cappadocia，今土耳其）的領主家系，在尚未將基督教立為國教的古羅馬帝國從軍，不過他卻偷偷改信基督教。據傳當羅馬皇帝迫害基督教徒時，因公然批判皇帝而遭到斬首殉教。

中古時期的歐洲普遍崇拜耶穌基督、聖母瑪利亞與聖人，聖喬治則是當中特別受到喜愛的人物。尤其當基督教徒組成十字軍對抗伊斯蘭教徒時，更是將武人出身的聖人聖喬治視為理想的騎士象徵。

英格蘭還將聖喬治當成國家的主保聖人崇敬。現今的英國國旗畫有白邊十字紅線，這即是代表聖喬治的「聖喬治十字」。

《仙后》

在十六世紀英格蘭詩人史賓賽（Edmund Spenser）所著的《仙后（The Faerie Queene）》中，聖喬治也以紅十字騎士之名登場。

有一個國家遭受惡龍襲擊，國王與王后等人被關在黃銅城堡裡。好不容易逃出來的公主優娜（Una）前往仙后（以當時的英格蘭女王伊莉莎白一世為原型）的宮廷，請求她擊退惡龍拯救王國。自告奮勇參與這場冒險的正是年輕的紅十字騎士。紅十字騎士的稱號由來自他的胸鎧所畫的紅色十字。此外，前面提到聖喬治出身於卡帕多奇亞，不過在這部作品裡他流著的是英格蘭王族的血。

紅十字騎士在前往優娜的母國途中，遭遇了壞魔女狄艾莎（Duessa）的誘惑、對抗異教徒的戰鬥等重重難關，所幸在亞瑟王（《仙后》也有加入亞瑟王傳奇的元素）與優娜等人的幫助下終於抵達惡龍肆虐的國家。

於《仙后》中登場的紅十字騎士與優娜。1860 年，英國畫家喬治・弗瑞德利克・華茲繪。

惡龍模樣非常可怕，全長達八百公尺，全身被覆堅硬的黃銅鱗片，尾巴末端的利刺能殘酷地撕裂所接觸到的任何東西。不過，紅十字騎士仍與惡龍一連戰鬥了二天，第三天總算獲得勝利救出優娜的雙親。

戰後紅十字騎士與優娜歡天喜地地訂下婚約，然而他卻不能留在優娜的國家。因為與仙后有過協定，所以他最後只能離開情人身邊再度啟程旅行。

德意志的屠龍英雄

齊格飛

【人名】齊格飛
【拼法】Siegfried
【活躍國家】德意志

齊格飛是流傳於德國的英雄敘事詩主角。由於他殺死龐大的龍時濺到龍血，身體因而變得刀槍不入。沒想到唯一的弱點卻使他走向悲劇性的結局。

一般認為齊格飛傳奇的原型是五、六世紀，於縱貫德國的萊茵河周邊所誕生的英雄歌謠。該英雄歌謠並未流傳下來，反倒是齊格飛傳奇廣為各地所知，並於中古時期的德意志、奧地利地區，以及北海的孤島冰島等地發展（➡六十九頁）。

《尼伯龍根之歌》裡的齊格飛

十三世紀初創作於奧地利的《尼伯龍根之歌（Nibelungenlied）》，是廣為德國人所知的英雄敘事詩。

位於德國北部不來梅市的齊格飛像。1890年，德國雕刻家康士坦丁・達修（Constantin Dausch）雕製。©Rami Tarawneh

齊格飛在這部作品裡，是萊茵河下游國家尼德蘭（Netherlands）的王子，年紀輕輕就受封為騎士，之後便離開王宮到處冒險。

深山裡有個分布在地下的侏儒族，名叫尼伯龍根族（「霧人」之意）。至於標題的尼伯龍根則是個虛構的國家，據說位在冰島至挪威之間。齊格飛打敗了這支侏儒族，獲得數不盡的黃金與寶石，以及披上之後就不會被人看見的魔法隱身蓑衣。這些寶物被稱為「尼伯龍根的財寶」，在故事裡繼承這些財寶的人

（即使不是侏儒族）都以尼伯龍根族稱之。

此外，齊格飛在山腳下打倒巨龍時，身體因為淋到牠的血液而變得刀槍不入。不過，淋到龍血時肩膀恰巧黏著一片菩提樹葉，所以只有這一處沒有得到龍血保護，結果成了齊格飛唯一的弱點。

為結婚展開的冒險

齊格飛長大後聽聞勃艮第王國（曾位於今法國東南部的國家）的公主克麗姆希爾特（Kriemhild）貌美如花，於是前往勃艮第向她求婚。為了得到意中人，齊格飛不僅立下許多功績，還幫助克麗姆希爾特的哥哥——勃艮第國王坤特（Gunther）求婚。

位於北海彼端的國家冰島，有位美麗的女王名叫布倫希爾德（Brunhild），坤特一直很想娶她為妻。但是布倫希爾德是一位強壯的美女，她曾公開表示只跟力氣勝過自己的男人結婚。於是齊格飛就利用從侏儒族那裡搶來的魔法隱身蓑衣，暗中幫助坤特跟布倫希爾德交手，順利讓她服輸。

最後齊格飛也如願跟克麗姆希爾特結婚，回國登上王位。

英雄遇襲的悲劇

婚後過了十幾年，齊格飛再度造訪勃艮第的王宮，沒想到卻發生了悲劇。

某天，克麗姆希爾特與坤特之妻布倫希爾德互相炫耀自己的丈夫，二人最後爆發口角。氣昏頭的克麗姆希爾特便將「求婚時與布倫希爾德交手的其實是齊格飛」一事全盤托出，並辱罵布倫希爾德是齊格飛的小老婆。

布倫希爾德為了洗刷這份屈辱，便與勃艮第的重臣哈根（Hagen）等人計畫暗殺齊格飛。毫不知情的克麗姆希爾特還將齊格飛肩上的弱點告訴哈根。最後哈根把齊格飛騙出來，用長槍從背後刺穿肩膀，使他一命嗚呼。除此之外，齊格飛擁有的龐大的尼伯龍根財寶也被丟進萊茵河裡，並未交給具有繼承權的克麗姆希爾特。

抱著齊格飛遺體哀嘆的克麗姆希爾特。1817 年，瑞士畫家約翰・亨利希・菲斯利（Johann Heinrich Füssli）繪。

失去丈夫的克麗姆希爾特決定向哈根復仇，最後引發一場將整個勃艮第宮廷牽連進去的慘烈鬥爭，如願為丈夫報了仇（➡參照一百一十六頁的希爾德布蘭德）。

《沃爾頌格薩迦》裡的西格德

齊格飛傳奇也流傳到冰島，並混合流傳至歐洲北部的北歐神話發展出不同於德意志地區的內容。流傳到冰島的傳說《沃爾頌格薩迦（Völsunga saga）》主角西格德（Sigurd），就是與前述的齊格飛相同起源的英雄。

西格德是流著北歐神話主神奧丁之血的王子，擁有名劍格拉墨（Gram，父王的遺物）與名駒格拉尼（Grani）。西格德不像《尼伯龍根之歌》的齊格飛具備堅硬的皮膚，不過他擁有聽

西格德獨力打倒巨龍法夫納，因舔舐龍血而能聽懂鳥類的語言。1911 年，英國畫家亞瑟・拉克姆繪。

得懂鳥語的特殊能力。

西格德同樣有屠龍的故事。西格德聽養父——鍛造工匠雷金（Regin）說巨龍法夫納（Fafnir）擁有寶藏，於是帶著名劍格拉墨打倒了巨龍。當時西格德舔了龍心的血液，因而聽得懂鳥類的語言。他從鳥兒的對話中得知雷金打算背叛自己獨吞財寶，便趁雷金熟睡時砍下他的腦袋，獨享巨龍的寶藏。

此外，《尼伯龍根之歌》與《沃爾頌格薩迦》最大的不同，在於葛倫（Gudrun，相當於克麗姆希爾特的人物）與布倫希爾德這二位女主角的劇情。

西格德的悲戀

西格德在旅行途中，遇到住在火焰之館裡的美女布倫希爾德。她是負責帶領戰死的士兵靈魂前往英靈神殿（Valhalla，主神奧丁的宮廷，戰士的靈魂集結在此）的女武神，比任何人都美麗且聰慧。西格德與布倫希爾德相戀並立下結婚的誓約，然而承諾最後沒能實踐。

西格德與布倫希爾德分別後繼續旅行，最後來到德意志南部的居奇王（Gjúki）宮廷。這位國王有位懂得使用魔法的妻子，以及三個兒子跟女兒葛倫。西格德在這裡喝下王后準備的魔法啤酒，結果忘了布倫希

喚醒布倫希爾德的齊格飛。華格納以敘事詩為藍本製作的歌劇《尼伯龍根之戒》裡的場景。1892 年，歐特．東納．馮．李希特（Otto Donner von Richter）繪。

爾德而與葛倫結婚。

婚後，西格德幫助葛倫的哥哥坤那爾王子（Gunnar）向布倫希爾德求婚，透過王后的魔法變身為坤那爾並求婚成功。直到坤那爾與布倫希爾德舉行婚禮後西格德才想起從前的承諾，可是他也只能選擇沉默了。

後來布倫希爾德與葛倫發生口角，自尊心受損的她一氣之下要求丈夫坤那爾暗殺西格德。在又愛又恨的西格德死後，布倫希爾德也自行了斷，最後依她的遺言將二人的遺體一同火葬。

歌劇《尼伯龍根之戒》

十九世紀德國作曲家華格納的作品《尼伯龍根之戒（Der Ring des Nibelungen）》，也被歸類為齊格飛傳奇。但是內容與標題相左，題材並非來自《尼伯龍根之歌》，而是《沃爾頌格薩迦》。不過，改編的劇情充滿華格納的風格，內容跟原本的敘事詩截然不同。

自尊心高強的撒克遜騎士

伊凡霍爾

【人名】伊凡霍爾的威佛瑞
【拼法】Wilfred of Ivanhoe
【活躍國家】英格蘭

伊凡霍爾是蘇格蘭作家華特・史考特（Walter Scott）的小說名稱，亦是主角的名字。

故事以十二世紀後半葉的英格蘭為舞台。一〇六六年，法蘭西貴族諾曼第公爵主張自己擁有英格蘭王位的繼承權，並用武力成為英格蘭國王。這起被稱為「諾曼征服（Norman Conquest）」的事件促使法蘭西文化進入英格蘭，而住在當地的撒克遜人就被來自法蘭西的諾曼人搶走了原本的地位。

主角伊凡霍爾，正是輸家撒克遜人的騎士。

撒克遜人父子

騎士伊凡霍爾是自尊心高強的撒克遜人——塞德瑞克（Cedric）的兒子。順帶一提，伊凡霍爾是他治理的領地名稱，全名則是伊凡霍爾的威佛瑞。

塞德瑞克負責照顧二百年前偉大的撒克遜人國王——阿爾弗瑞德大帝（Alfred the Great）的後裔蘿薇娜公主（Rowena），夢想著要讓公主嫁給名門出身的騎士，振興撒克遜人的國家。結果天不從人願，他的兒子伊凡霍爾與蘿薇娜公主墜入愛河。再加上伊凡霍爾成為諾曼人國王理查一世的家臣，參與十字軍東征（➡一百三十五頁）還獲得了領地，塞德瑞克盛怒之下便與兒子斷絕關係。

理查一世跟著十字軍遠征至中東的耶路撒冷，卻在回國途中下落不明。理查一世的弟弟約翰，則企圖趁國王不在的時候篡奪王位。順帶一提，這裡提到的理查一世與王弟約翰都是真實存在的人物。

遮住臉孔戰鬥的伊凡霍爾。圖片來自1891年，英國報紙《The Graphic》的插畫。

「被逐出家門的騎士」活躍於比武大會

有一天，塞德瑞克與蘿薇娜外出觀看馬上長槍比武。

這場比賽的規則是由參賽者挑戰王弟約翰派出的五位著名騎士。絕大多數的挑戰者都敵不過遴選出來的騎士，只有一人擊敗了號稱最強騎士的吉貝爾（Guilbert）。這個人始終不拿下頭盔以真面目示人，盾牌上還刻著「被逐出家門者（Desdichado）」，實在很可疑。而在決定最美的女性時，他選了觀眾席裡的蘿薇娜，令她十分開心。

但是第二天舉行的團體戰，大部分的參賽者都轉而加入跟「被逐出家門的騎士」不同的陣營。被逐出家門的騎士奮勇戰鬥，但仍寡不敵眾而受了重傷。在這生死關頭救了他的人，同樣是一位全身漆黑的奇異騎士。

約翰在表揚典禮上硬是取下他的頭盔，這才揭曉被逐出家門的騎士真正的身分。原來他就是被父親逐出家門後下落不明的伊凡霍爾。

遭到囚禁的公主與義賊的戰鬥

馬上長槍比武結束後，受傷的伊凡霍爾便接受猶太人父女艾薩克（Isaac）與芮貝卡（Rebecca）的照顧。

當時歐洲各地都非常嫌惡猶太人，不過他們卻也是不可或缺的借貸業者。而伊凡霍爾則曾經幫助過艾薩克。

另一方面，約翰麾下的騎士布萊西（Bracy）企圖將美麗的蘿薇娜占為己有，於是夥同吉貝爾等人綁架塞德瑞克與蘿薇娜，將他們囚禁在城堡裡。艾薩克父女和身受重傷的伊凡霍爾也捲入此事。蘿薇娜和貌美的芮貝卡拚命反抗，然而仍沒辦法逃走。

最後拯救一行人脫離困境的正是住在森林裡的「無賴首領」，英格蘭著名的義賊羅賓漢（在作品中是以洛克斯利〔Locksley〕之名登場，不過角色的描寫讓英國讀者一眼就能認出他來）。羅賓漢一行人與意氣相投的黑騎士，以及偷偷逃出城外的塞德瑞克一同進攻城堡。他們成功攻下城堡，順利救出蘿薇娜與伊凡霍爾，可是芮貝卡卻被吉貝爾帶走了。

豎立在倫敦西敏宮的理查一世像。理查一世亦有「獅心王理查」之稱，是位參與過十字軍東征的勇猛國王，留下不少逸聞。

攻城戰後黑騎士表明了自己的身分。原來他就是下落不明的理查一世，為了將企圖謀反的約翰等人一網打盡才會刻意隱姓埋名。羅賓漢與理查建立起友情並答應協助他，而塞德瑞克雖然痛恨諾曼人國王，卻也不得不肯定理查的人品。

決鬥審判

吉貝爾抓走芮貝卡後，將她幽禁在自己隸屬的聖殿騎士團宿舍裡。芮貝卡拚了命地反抗吉貝爾，吉貝爾則不知不覺真心愛上了芮貝卡。然而，聖殿騎士愛上猶太人卻是不可饒恕的罪行。

人們把這項醜聞怪罪在芮貝卡身上，害她揹上「利用魔法勾引吉貝爾」的莫須有罪名而遭到起訴。

芮貝卡在審判會場上要求派出代理戰士決鬥。當時的審判制度是採納決鬥中贏的那一方的說詞。吉貝爾本想當芮貝卡的代理戰士為她爭取無罪開釋，但因為周遭的關係，他反而變成為相反的那一方戰鬥。

每個人都覺得不可能找到願意為立場不利、而且還是猶太人的芮貝卡而戰的騎士，沒想到伊凡霍爾卻在最後一刻趕到決鬥會場。他是來報答細心為自己療傷的芮貝卡的。吉貝爾明知這場決鬥可能會將心愛的芮貝卡推向死亡深淵，仍然英勇地與伊凡霍爾交手，最後戰敗而亡。

不久，理查也阻止了約翰的陰謀，英格蘭恢復了原本的和平。伊凡霍爾最後如願與蘿薇娜結婚。而暗戀伊凡霍爾的芮貝卡則選擇死心，僅與蘿薇娜道別，之後就跟著父親艾薩克到西班牙旅行。

中古時期英格蘭傳說裡的義賊羅賓漢，至今仍是頗受英格蘭人喜愛的角色之一。位於英格蘭中部諾丁漢的紀念像。©Jo Jokeman

理想的騎士

吟遊詩人與故事作家們，總是傾盡詞彙歌詠理想的騎士模樣。騎士文學中的理想騎士，大致具備了以下條件。

- **謙虛、寬容**
- **（對基督教的）虔誠的信仰**
- **高貴的血統**
- **健美的肉體**
- **精湛的武藝**

騎士的美德之首便是「謙虛」。要以寬容的態度對待自己打敗的對手，更要記得同情憐憫受苦之人。此外，也不可仗恃自己的力量而忘了信仰。

當時認為天生的貴族具備與身分相符的清高氣質，因此要求騎士得擁有良好的血統。同樣的，人們認為健美的肉體是上帝愛的表現，外貌俊美的人心地同樣善良美好。

既然身為戰士，武藝自然也很重要。只不過重點不光是打倒敵人而已，騎士必須以「救助受虐之人」等這類高尚的動機戰鬥才行。

誕生出理想騎士形象的原因

基督教視清貧為善，本來就與重視財產或名譽的宮廷式觀念互不相容。作者們煞費苦心想寫出無論在宗教還是世俗方面都很傑出的人物，才會創造出這種外表與內在都很優秀的騎士形象。

理想與現實的騎士

中古時期的騎士並非人人都是如此傑出的人物，現實中的騎士反而大多屬於粗野且魚肉鄉民的類型。吟遊詩人在歌詠理想騎士的詩歌中，融入對現實社會的批判。

西班牙騎士文學的經典

高盧的阿瑪迪斯

【人名】高盧的阿瑪迪斯
【拼法】Amadís de Gaula
【活躍國家】西班牙

西班牙在十六世紀至十七世紀初期相當流行騎士文學。其中最受到歡迎、被視為理想騎士代表的即是《高盧的阿瑪迪斯》。

自一五〇八年起《高盧的阿瑪迪斯》總共出版了四集，十七世紀初期出版的《唐吉訶德》（➡一百零二頁）也時常提到這部作品。這個名字頻繁出現在諷刺騎士文學的《唐吉訶德》裡，反而可以佐證阿瑪迪斯的故事有多麼廣為人知。

阿瑪迪斯救出公主的場景。1860 年，法國畫家歐仁．德拉克洛瓦（Eugène Delacroix）繪。

阿瑪迪斯的戀情與冒險

在耶穌基督受難後不久，高盧（今法國、北義大利、比利時周邊）國王培里安（Perión）與小不列顛（今法國西北部布列塔尼地區）國王的女兒愛莉榭娜（Elisena）墜入情網。阿瑪迪斯則是二人正式結婚前所生的兒子，因此被當成私生子裝進箱子裡流放到河川上。

襁褓中的阿瑪迪斯從河川漂流到海上，被蘇格蘭的騎士剛迪爾斯（Gandales）拾獲。偉大的仙女「神祕的烏爾剛妲（Urganda la Desconocida）」告訴剛迪爾斯：「這孩子將來會成為最偉大的騎士，以及最守信義博愛的人。」

阿瑪迪斯長大後認識了蘇格蘭國王利蘇阿爾特

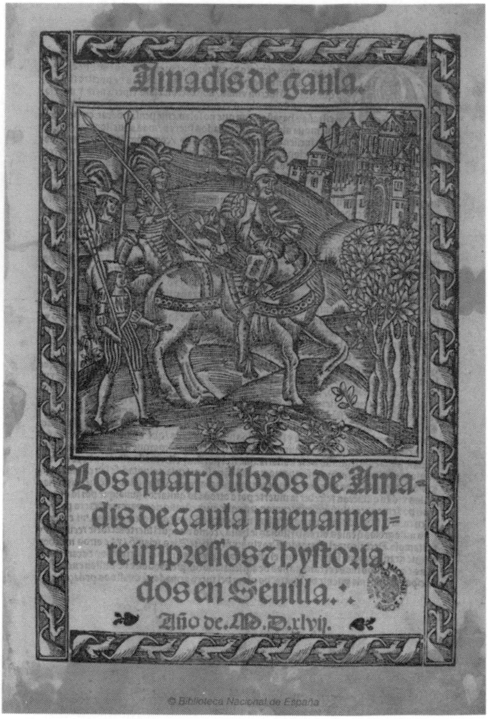

1533 年於西班牙發行的《Amadís de Gaula》封面。

（Lisuarte）的女兒——擁有絕世美貌的奧麗安娜（Oriana），二人很快就墜入愛河。此外，阿瑪迪斯由生父高盧國王冊封為騎士後，還與養父剛迪爾斯之子剛達林（Gandalín）一同經歷許多冒險。

故事內容相當豐富，如阿瑪迪斯遭到奧麗安娜誤解討厭後所做的苦行、克服用來測試他與奧麗安娜是否真心相愛的考驗、解開誤解後與奧麗安娜生下兒子（續作的主角艾斯普朗迪亞）、在惡魔島上與亂倫所生的怪物安德里亞哥（Endriago）單挑決鬥等等。最後阿瑪迪斯戰勝向奧麗安娜求婚的羅馬皇帝軍隊，順利與她結為夫妻。

大航海的心靈之友

其實美洲的地名大多源自這部作品。

這部作品流行的時期正值大航海時代，對夢想征服新天地的水手們而言，阿瑪迪斯的冒險故事可說是精神上的支柱。其中一項具代表性的例子，就是從太平洋抵達新大陸（美洲）的征服者們，將他們發現的土地以《阿瑪迪斯》續作《艾斯普朗迪亞的功勳（Las sergas de Esplandián）》裡的地名命名為「加利福尼亞」。

獻給貴婦的愛

第八十五頁說明過，騎士文學很重視謙虛與寬容。而這種觀念也促使人們要求理想的騎士服務弱者。這種思想與宮廷式的戀愛結合後，騎士文學裡便開始出現騎士為貴婦效勞的描寫。

這種基於騎上精神的宮廷式愛情德語稱為「Minne」，有些作品也會將騎士所愛慕的貴婦稱為「Minne」。

騎士與貴婦的愛情模式

這種宮廷式愛情的基本模式，就是騎士選擇一名地位較高的婦人，以替她效勞為樂。

宮廷式愛情的極致形式就是「不滿足的愛」。當時的人們認為，騎士在戀愛時，如果肉體上的欲望無法充分獲得滿足，愛情的力量將會促使騎士變得更強。

宮廷式愛情誕生的原因

本來基督教就視肉慾為可恥之物。騎士精神則將肉慾與愛情切割開來，僅追求精神上的愛，所以才會形成宮廷式愛情的觀念。

為「Minne」而活的騎士

生活在宮廷式愛情世界裡的騎士們，總是不斷強調自己所愛的貴婦有多美麗，有時也會為了比較貴婦的美貌而與其他騎士展開決鬥。

騎士文學裡有不少騎士與貴婦相戀的例子。例如亞瑟王傳奇裡的桂妮薇兒或依索德都處於王后的地位。不過相反的，騎士與身分較低的女性結婚的故事就很少見了。

克服上帝考驗的騎士

伊森布拉斯

【人名】伊森布拉斯
【拼法】Isumbras
【活躍國家】英格蘭

中古時期，理想的騎士除了勇猛果敢外，還必須忠於基督教教義。伊森布拉斯正是一位通過上帝考驗的騎士。

《伊森布拉斯爵士（Sir Isumbras）》是一部作者不詳的作品，目前僅留下幾份十五世紀的抄本，不過至今在英國仍是著名的騎士文學之一。

從天堂墜入地獄

以《逝去的夢——於淺灘上的伊森布拉斯爵士》為題的畫作。1857 年，英國畫家約翰・艾佛列特・米雷（John Everett Millais）繪。列維夫人藝廊（Lady Lever Art Gallery）藏。

騎士伊森布拉斯與美麗的妻子及三個可愛的兒子過著幸福生活。原本勇敢又謙虛的他，卻不知不覺傲慢起來，忘了向上帝禱告。為此動怒的上帝便派了一隻鳥問他：「你要年輕時受苦，還是年老後受苦？」強迫他接受考驗。伊森布拉斯十分後悔，於是接受上帝的考驗，選擇「年輕的時候」。結果馬匹和家畜全都暴斃，城館也燒毀，轉眼間伊森布拉斯失去了一切，只剩下妻子和三個兒子。

伊森布拉斯雖然難過，仍然決定跟家人到聖地耶路撒冷巡禮。沒想到半路上年幼的長子與次子相繼被獅子與豹抓走。緊接著異教徒國王以黃金做為交換，硬是把妻子帶走，最後連三男都被獨角獸（傳說中頭上有角的馬）帶走，只剩伊森布拉斯孤獨一人。

與異教徒的戰鬥

用妻子換得的黃金隨後也被獅鷲（鷹頭獅身的傳說生物）帶走，盤纏用盡的伊森布拉斯最後接受鍛造工坊的幫助，並以鍛造工匠的身分在工坊工作。

七年後，基督教徒的國王與異教徒的國王開戰。伊森布拉斯穿上自己打造的盔甲加入基督教徒的行列，比任何人都要勇敢地作戰，後來擊敗了異教徒的國王和他的隨從們。

基督教徒的國王本想招攬伊森布拉斯成為麾下的騎士，但他傷勢一痊癒就繼續之前的巡禮之旅。抵達耶路撒冷後他又過了七年苦行與禱告的生活。

與家人重逢

經過漫長的苦行後，天使終於出現在伊森布拉斯的面前，告訴他上帝已赦免了他的罪。伊森布拉斯固然高興，不過他仍然是孤單一人。

伊森布拉斯離開耶路撒冷再度啟程旅行，最後來到美麗的女王所治理的國家。女王同情衣衫襤褸的伊森布拉斯，給了他食物與衣服，並邀請他到城裡作客。

停留在城堡裡的某一天，伊森布拉斯在森林裡發現以前被獅鷲搶走的黃金。他看著黃金，想起下落不明的妻子而傷心哀嘆，女王的臣子見狀覺得可疑便向她報告。然而，女王一見到黃金卻驚訝地說：「這是我前夫的東西。」

原來是因為伊森布拉斯之前擊敗了異教徒的國王，王后——伊森布拉斯的妻子才會成為現在的女王。由於伊森布拉斯一副寒酸樣，而妻子飛黃騰達，雙方才會沒認出彼此。終於跟妻子重逢的伊森布拉斯成了新任國王，並在國內宣揚基督教。

成為國王的伊森布拉斯之後又跟其他的異教徒國家交戰。然而臣子們都害怕打仗而逃走，上場戰鬥的只有伊森布拉斯以及一身武裝的妻子。就在二人遭大批敵人包圍陷入危機之際，三名分別騎著獅子、豹、獨角獸的騎士華麗現身，化解了他們的危機。

原來這三名騎士正是伊森布拉斯以前被抓走的兒子們。終於團圓的一家人感謝上帝的恩寵，從此以後過著幸福的生活。後來伊森布拉斯的兒子們也各自擁有自己的王國。

與聖人傳說的相似點

有人認為《伊森布拉斯爵士》的故事，是以基督教聖人「聖尤斯塔奇斯（St. Eustáchius）」的傳說為基礎。不過，聖人一家的分離與重逢情節原本就是源自印度的佛教故事，而且各國都有內容相似的故事。

聖尤斯塔奇斯傳說中，古羅馬帝國的將軍在見到基督的幻影後全家改信基督教，卻因為上帝的考驗而散盡家財妻離子散。他也在農家打雜過著辛勞的生活，不久後被羅馬皇帝召回，於遠征途中跟妻兒重逢並凱旋回到羅馬。但是尤斯塔奇斯拒絕為羅馬帝國信奉的異教神明奉獻活祭品，就與妻兒一起燒死殉教。

儘管二則故事十分相似，不過《伊森布拉斯爵士》的主角結束苦行後取回了財富與幸福。也許就是因為結局快樂美滿，才使這則教化意味濃厚的故事至今仍然受到喜愛。

對貴婦的愛情與自立

桑特雷的約翰

【人名】桑特雷的約翰
【拼法】Jehan de Saintré
【活躍國家】法蘭西

桑特雷的約翰，是十五世紀法蘭西作家安東尼・德・拉薩爾（Antoine de la Sale）的小說《童僕桑特雷的約翰（Le Petit Jehan de Saintré）》的主角。

作者拉薩爾所生存的時代，騎士文學早已走向衰退一途。帶有教化讀者意義的寓言故事漸漸消失，取而代之的是描寫真實事件與人物的寫實作品。《童僕桑特雷的約翰》這部作品可說是開山始祖，儘管題材為英勇騎士的活躍事蹟以及對貴婦的愛情，卻將滿是缺點的故事人物生動地描寫出來，因此被評為法國最早的近代小說。

高貴的愛

1830 年發行的《童僕桑特雷的約翰》封面。

法蘭西宮廷裡有位人稱「貝爾庫吉兒夫人（La Dame Des Belles-Cousines）」的女官（貝爾庫吉兒是賦予王侯的女性親信的尊稱）。守寡多年的她相中十歲的童僕「桑特雷的約翰」，決定把他留在身邊培養成一名優秀的騎士。

夫人細心教導約翰拉丁語等學問，並給他錢購買好看的服裝。在她的教育下約翰成長為一名傑出的青年，也順利在宮廷裡謀得不

1849 年於德國發行的《桑特雷的約翰》插畫。德國巴伐利亞邦圖書館藏。

錯的工作。但是，想成為受到肯定的騎士，必須前往他國建立功勳才行。

夫人為了約翰，甚至還幫他安排比試。約翰聽從夫人的指示前往西班牙的亞拉岡王國（Kingdom of Aragon）宮廷，漂亮地打贏了亞拉岡的騎士。之後也擊敗了波蘭和英格蘭的騎士，更遠征至普魯士（曾位於今德國北部至波蘭西部的國家）擊潰異教徒土耳其大軍。約翰就這樣成功贏得名聲與國王的信賴。

約翰與夫人並不是（現代意義的）情侶。在騎士文學裡，騎士會向高貴的女性獻上忠誠，為了淑女而戰。而夫人想要的，也不過是約翰對她的單純戀慕而已。

約翰的自立

只要聽從夫人的指示，約翰不管做任何事情都很順遂。但不久他就為此煩惱，最後決定不為夫人，而是為自己而戰。夫人氣約翰不聽自己的命令，於是在他前往各國修行武藝的期間隨便挑了一名修士做為新的情人。這位修士是個身材壯碩的野蠻人，一點都不像侍奉上帝的神職人員。

不久約翰回到法蘭西，可是夫人對他的態度卻很冷淡。修士也得意忘形地在夫人面前譏笑他，並說：

「騎士這種人，只要沒穿盔甲沒帶武器就什麼也辦不到。」嘲弄騎士精神與冒險。

修士更慫恿約翰與他徒手對決。這並非騎士原本的戰鬥方式，條件很顯然對約翰不利。約翰忍受不了修士的傲慢態度而接受挑戰，結果卻被對方摔出去好幾次，面臨徹底慘敗的窘況。

不過，約翰已經不是夫人的傀儡了。為了挽回騎士的名譽，第二天約翰就請修士們到自己的城堡，巧妙地慫恿修士穿上盔甲用劍決一勝負。修士自然打不贏約翰，被劍刺傷的他只能可憐兮兮地向約翰求饒。

受辱的怒氣一時間令約翰想殺死修士，後來他想起夫人從前教導的慈悲精神，這才沒有取對方的性命，只傷了臉頰和舌頭。然而在一旁觀戰的夫人非但沒有感謝約翰，還激動地批評他的行為缺乏騎士精神。

其實夫人也跟修士一樣，必須為自己的不忠受到懲罰。但是約翰過去受過她的恩情，所以只奪走她身上的藍帶就滿足了。藍色代表「忠義」，約翰是在暗示夫人沒資格穿戴這個顏色，用這種方式責備她變心。就這樣，約翰遵守了宮廷式愛情（騎士與高貴婦人的愛情）的原則。

約翰恢復騎士名譽後越來越受國王與人們的信賴，最後一如童僕時期受到的期待，他成為法蘭西最傑出的騎士。

戰鬥與禱告的人生

瓦立克的蓋伊

【人名】瓦立克的蓋伊
【拼法】Guy of Warwick
【活躍國家】英格蘭

常見的英雄故事不外乎年輕戰士立下戰功出人頭地。瓦立克的蓋伊也是從低微的身分努力往上爬的成功故事，不過這則故事還有其他騎士文學少見的後續發展。

順帶一提，瓦立克的蓋伊故事據說誕生於十三世紀前半葉，作者不詳。

愛上千金小姐的佣人之子

在英格蘭伯爵洛漢德（Roholde）家工作的佣人有個兒子，名叫瓦立克的蓋伊。長相俊美、劍術精湛的他備受城裡的大人們疼愛與照料，最後他愛上了伯爵的女兒菲莉絲（Felice）。

來到菲莉絲面前的蓋伊。圖片來自 1550 年左右於倫敦發行的書籍插畫。

但是，菲莉絲並未立刻接受身分懸殊的蓋伊，而是回答他：「等你立下功勳、獲得騎士的名譽後我們就結婚。」

蓋伊相信她的話，於是由洛漢德伯爵冊封為騎士，接著出發去旅行。

三千里路求榮譽

為求功勳，蓋伊在法蘭西、西班牙、德意志甚至中近東四處旅行。

蓋伊參加各地的比武大會磨練身手，從來不曾打輸過。他不僅幫助蒙上不白之冤的騎士，來到即將被異教徒攻陷的國家時，也比其他騎士更加勇敢地戰鬥，還與異教徒的國王單挑打贏對方。

旅途中蓋伊救了一名受傷倒下的騎士。這位泰利（Tirri）騎士與公爵家的千金奧潔兒（Oisel）相戀，可是奧潔兒的父親打算把她嫁給另一名公爵，泰利才會帶著她私奔。結果泰利遭到這二個公爵派出的追兵攻擊而受重傷，此外公爵家的軍隊也打算攻擊泰利的伯爵父親。於是蓋伊幫助泰利保護好伯爵的領地，並讓相愛的二人得以結合。

蓋伊的戰鬥對象不光是人類而已，他還曾在龍與獅子的搏鬥中插一腳。蓋伊站在獅子這邊，持銳利的長槍與龍戰鬥，並獲得屠龍的名譽。這頭獅子很親近蓋伊，也很受到同伴們的疼愛，可惜最後慘遭痛恨名氣響亮的蓋伊之人殺害。

結束了七年的冒險後蓋伊回到英格蘭，當時他的威名無人不知無人不曉。而菲莉絲也接受了蓋伊這次的求婚，二人順利結婚生子。

看起來是個完美的快樂結局，不過這個故事還有後續發展。

懺悔，以及對抗巨人的戰鬥

過著幸福新婚生活的蓋伊突然感到不安與後悔，認為「至今自己都是為了自身的名譽而戰，不曾為（基督教的）神做過任何事情」。他很後悔自己在過去的對戰中殺害了許多戰士，於是向悲嘆的新婚妻子菲莉絲借了一枚戒指，然後獨自展開贖罪之旅。

蓋伊穿著破舊衣物打著赤腳，以這副不像著名騎士的模樣到處巡禮，還前往遙遠的基督教聖地耶路撒冷參拜。

然而，蓋伊並沒有因此遠離戰事。他代替被異教徒抓住的騎士打倒可怕的巨人亞蒙蘭特（Ameraunt），並與襲擊英格蘭的丹麥人（九世紀以後侵略英格蘭的北歐人）家臣——非洲出身的巨人寇布朗（Colbrand）單挑且獲得勝利。

但跟過去不同，無論哪場戰鬥蓋伊都沒有報上姓名，戰勝後也沒有要求任何報酬。這是因為從前的他是為名譽而戰，如今的目標只有打倒基督教的敵人而已。

遁世與死亡

在蓋伊的故鄉，洛漢德伯爵死後就由菲莉絲成為女王治理領地。蓋伊結束旅行回到故鄉時並未報出姓名，而是悄悄在森林裡搭建草庵過著隱居生活。他也曾當面接受菲莉絲的施捨，可是他的模樣太過窮酸，所以菲莉絲並沒有認出丈夫來。

等到上帝派天使告知蓋伊死期後，他才主動通知菲莉絲自己的所在位置。蓋伊差遣一名少年到城堡裡，把菲莉絲的戒指還給她。可惜當菲莉絲趕到森林裡的草庵時，蓋伊早已離開人世。

菲莉絲相當傷心，結果十五天後也去世了。最後二人的遺體一同安葬在森林裡，夫妻總算能在天堂相見。

朝聖者瓦立克的蓋伊。1444 年左右，第一代舒茲伯利伯爵約翰・托波特（John Talbot）繪製的作品。大英圖書館藏。

妄想騎士的大冒險

唐吉訶德

【人名】唐吉訶德
【拼法】Don Quijote
【活躍國家】西班牙

小說《El ingenioso hidalgo don Quijote de la Mancha》是西班牙作家賽凡提斯（Miguel de Cervantes Saavedra）於一六〇四年起出版的作品。「la Mancha」是西班牙中部卡斯提亞－拉曼查自治區（Castilla-La Mancha）的地名，「don」是對顯貴之人的尊稱，因此標題的意思即為「拉曼查村的聰明仕紳吉訶德」。

賽凡提斯是為了諷刺當時西班牙大為流行的騎士文學而創作這部小說。不過在現代，《唐吉訶德》被認為是近代文學的傑作，更是金氏世界紀錄中僅次聖經的暢銷作品。

展開冒險之旅

騎著愛馬羅西南提的唐吉訶德，以及騎著驢子的桑丘・潘薩。1863 年，法國畫家古斯塔夫・多雷繪。

拉曼查村的仕紳（Hidalgo，地位等同貴族，有別於騎士）阿隆索・吉哈諾（Alonso Quixano）只要有空就會閱讀騎士文學，漸漸地分不清現實與故事，並決定要出發去冒險，當個周遊各地的騎士。他立刻到倉庫找出一套布滿灰塵的盔甲穿上，並替瘦弱的馬兒取名羅西南提（Rocinante，「曾為劣馬」之意），做好旅行的準備。騎士文學都有個受騎士愛慕的貴婦，於是他擅自幫鄰村的村女愛爾朵薩（Aldonza）取名朵辛妮雅（Dulcinea），決定

為了打倒風車而往前衝的唐吉訶德。1863 年古斯塔夫・多雷繪。

對她獻出愛情。

不僅如此，他還慫恿腦袋不太靈光的村民桑丘・潘薩（Sancho Panza），以「將來立下功勳就會賞賜領地」為條件成功說服對方成為隨從。如此就萬事俱備了。

唐吉訶德騎著羅西南提，桑丘・潘薩騎著驢子，二人就這麼意氣風發地自拉曼查村啟程。

充滿妄想的大冒險

二人旅行不久，便在原野上看到三十到四十座風車。唐吉訶德把風車當成可怕的巨人，決定為了正義打倒它。他不聽桑丘・潘薩的勸告往前衝，結果一下子就被風車吹走，手上的長槍也折斷了。但是，唐吉訶德仍向桑丘・潘薩強調：「有個對我存有惡意的賢人把巨人變成風車。」

之後，唐吉訶德還把綿羊群與山羊群當成軍隊攻擊，結果遭人用石頭砸得鼻青臉腫，再不然就是大發慈悲放走要被送去勞動服務的犯人們，結果反被恩將仇報痛打一頓，不斷鬧出笑話。

唐吉訶德就像這樣，把所見的事物全置換成騎士文學引起騷動。不過在跟騎士精神無關的場合上，他卻是個深思熟慮頗具修養的人物，有時還會說出連學者都為之欽佩的名言，也常常向桑丘・潘薩講解歷史。

唐吉訶德恢復理智

唐吉訶德那些住在拉曼查村的家人與朋友，對於腦袋變得不正常的他相當頭痛，想方設法要把他帶回村裡。聰明的桑頌・卡拉斯柯（Sansón Carrasco）提出一項妙計，那就是變裝成騎士與唐吉訶德一決高下，只要讓他以騎士身分感到挫折就能讓他回到村子。第一次桑頌打輸而失敗，第二次就順利打贏達成目的。

唐吉訶德回到拉曼查村後總算恢復理智。他不僅向周遭講述騎士文學的荒謬之處，死前還勸告姪女：「千萬別跟愛看騎士文學的男人結婚！」

作品中的巧思

作者賽凡提斯在《唐吉訶德》這部作品裡，埋設了許多伏筆。

比方說，作品裡隨處可見著名騎士文學的情節。比如唐吉訶德最尊敬的人物是高盧的阿瑪迪斯（➡八十六頁），還有以《席德之歌》（➡一百四十頁）為藍本的小插曲。

此外，這部作品分成上下二集出版，下集裡唐吉訶德發現自己的活躍事蹟被人整理成冊（指上集）出版販售，還因此引發騷動。《唐吉訶德》堪稱是戲中戲作品的先驅吧！

法蘭西的好漢

達太安

【人名】達太安
【拼法】D'Artagnan
【活躍國家】法國

法國作家亞歷山大・仲馬（Alexandre Dumas，又稱為「大仲馬」以區分跟他同名的兒子）於一八四四年發表的小說《三劍客》，至今仍是廣受全球喜愛的暢銷作品之一。

達太安是《三劍客》的主角。不過，書名所指的三劍客其實是亞托斯、波爾托斯、亞拉密司三位火槍手，並不包含主角達太安。隨著故事的發展，達太安也加入火槍隊，與三人締結了堅定的友情。

順帶一提，火槍隊是指裝備鳥嘴槍的輕騎兵。不僅很受市民愛戴，想要累積軍人的資歷一定得加入火槍隊才行，可說是一種熱門職業。

位於巴黎的達太安銅像。上方還有作者大仲馬的紀念像。1883 年，法國畫家古斯塔夫・多雷雕塑。©Jibi44

交友就選三劍士

時間是十七世紀初期，法國鄉下加斯科尼（Gascony）的貴族之子達太安為了出人頭地而前往巴黎。可是，要給火槍隊長特雷維爾（Tréville）的介紹信在半路上被偷了，好不容易抵達巴黎後也因故得跟火槍隊有名的三人組——亞托斯、波爾托斯、亞拉密司進行決鬥。

但在達太安與三劍客的決鬥開始不久後，掌握宮廷實權的黎西留樞機主教（Richelieu）的衛兵就趕來，演變成三劍客與衛兵的爭執。他人勸沒有關聯的達太安離開現場，不過充

位於法國南部城市孔東（Condom）的達太安與三劍客雕像。喬治亞雕刻家祖拉布・崔雷德利（Zurab Tsereteli）雕製。©Mishastranger

滿義氣的他並未逃走，而是選擇幫助勢單力薄的三劍客。他以敏捷的動作和劍術，漂亮地打贏了樞機主教麾下的第一劍客朱薩克（Jussac）。

三劍客與達太安因這起事件意氣相投，奠定了堅定的友情。

拉羅謝爾攻防戰

達太安在決鬥事件中展現勇氣與劍術實力，之後便被錄取加入貴族的衛兵隊。但是，他與黎西留樞機主教之間的梁子已經結下，達太安跟三劍客仍多次跟樞機主教的手下發生衝突。

在國王路易十三的命令下，達太安與三劍客參與了拉羅謝爾（La Rochelle，今法國西岸）的戰役（這場戰爭為真實歷史事件，起因於天主教與新教之間的對立）。為了對抗樞機主教在戰場設下的圈套，四人需要找個不會遭人竊聽的地方商量對策，沒想到亞托斯選擇的竟是槍林彈雨中最前線的堡壘。他們僅以四個人打倒了二十名以上的敵兵，商量完對策後還悠哉地用完餐才離開。

人們相當驚訝於他們的膽識（當然，密談的事並未曝光），而達太安也如願加入了火槍隊。

與妖婦米蕾蒂的對決

達太安對美女有些沒輒，他先是迷上清秀美麗的房東太太康士坦絲（Constance）而與她成為情侶，後來又因為太過迷戀妖豔美女米蕾蒂（Milady），於是欺騙她的侍女與她共度一夜。其實米蕾蒂是黎西留的密探，也是多次妨礙達太安他們的人物。原來達太安是被米蕾蒂盯上了。

事實上，米蕾蒂是亞托斯的前妻，不僅逼得亞托斯的弟弟自殺，還殺害了第二任丈夫，可說是世間罕見的壞女人。她參與黎西留的陰謀，此外還殺了安妮王后（Anne d'Autriche）的侍女康士坦絲。在故事的尾聲，達太安與三劍客總算逮住米蕾蒂成功報了仇。

史實中的達太安

主角達太安是真實存在的人物，本名為查理・德・巴茲卡斯特墨（Charles de Batz-Castelmore，達太安是源自其外公的綽號）。史實中的達太安是法國宰相馬薩林（Mazarin）的親信，亦是在國王路易十四身邊擔任實際火槍隊隊長的軍人。

《三劍客》並非大仲馬自行創作，而是以桑德拉斯（Courtilz de Sandras）所寫的《國王火槍隊第一隊隊長達太安先生回憶錄》為藍本，再加上大仲馬自己的潤述而成。只不過桑德拉斯出版過許多不可信的八卦書刊，而這本《回憶錄》也並非達太安自己寫的，似乎含有不少虛構與誇張的成分。

友情堅定的火槍手們

三劍客

【人名】三劍客（亞托斯、波爾托斯、亞拉密司）
【拼法】Les Trois Mousquetaires（Athos、Porthos、Aramis）
【活躍國家】法國

法國作家大仲馬所著的《三劍客》裡，有三名各具特色、與主角達太安並肩作戰的火槍手。

這四人在這系列的第一部作品《三劍客》中締結了堅定的友情，而在第二部作品《二十年後（Vingt Ans Apres）》至第三部作品《布拉傑洛納子爵（Le Vicomte de Bragelonne ou Dix ans plus tard）》裡，隨著時間的流逝，三劍客也紛紛從火槍隊退伍，展開各自的人生，四人的命運也各有不同。

本節除了《三劍客》外，亦參考《二十年後》與《布拉傑洛納子爵》的內容，為各位簡單介紹三劍客的生平（有關《三劍客》的內容請參照一百零六頁的達太安）。

理性的亞托斯

亞托斯是三劍客中最年長且個性沉著的人物，可說是領導者般的存在。

亞托斯是假名，本名為拉費爾伯爵（la Fère）。個性沉默寡言，說話只講重點，笑的時候也不會發出聲音。品格高尚，很受同伴們的尊敬，小他十歲的達太安更是待他如父。

他是個充滿貴族氣質的美男子，不過年輕時在不知情的情況下娶了美女罪犯為妻（這位前妻就是日後與達太安敵對的米蕾蒂），使得他不再對戀愛有任何興趣。此外他還是個劍術高手，左右二手都能耍劍。

2009 年白俄羅斯發行的紀念幣。上頭為達太安的肖像。

亞托斯本來是對法蘭西國王效忠的武人，但在《二十年後》裡，當擁立幼主路易十四的國王派與貴族派對立而爆發投石黨之亂時，由於他厭惡利用幼主獨掌大權的宰相馬薩林，結果選擇站在投石黨（貴族派）這一邊。

2009年白俄羅斯發行的紀念幣。上頭為亞托斯的肖像。

這場投石黨之亂是真實發生過的歷史事件。

極為愛國的他在《三劍客》裡是個相當討厭英格蘭的人，甚至曾在英格蘭貴族將被暗殺時說出見死不救的言論。不過，後來他變成親英派，在《布拉傑洛納子爵》裡為英格蘭國王而戰，並獲得嘉德騎士團（➡二百四十頁）與金羊毛騎士團（➡二百五十頁）的勳章。

他在《三劍客》裡向前妻米蕾蒂復仇後，便從火槍隊退休返回自己的領地，專心養育一夜情所生的兒子勞爾（Raoul）。勞爾也很受其他的三劍客疼愛，長大後易名為布拉傑洛納子爵。這個系列的第三部作品名稱就是由來自勞爾。

遺憾的是，勞爾所愛的青梅竹馬露依絲（Louise）被迫成為國王路易十四的情婦，而露依絲本人後來也變了心，感到絕望的勞爾自願到危險的非洲遠征，最後以近似自殺的形式戰死。兒子死後不久，亞托斯也離開人世。

活潑的波爾托斯

活潑的波爾托斯在三劍客中負責炒熱氣氛。年紀比亞托斯輕，比達太安年長。

波爾托斯是假名，不過作品裡並未揭曉他的本名。他在《三劍客》與《二十年後》期間跟富有的寡婦寇可那爾夫人（Madame Coquenard）結婚，夫人過世後便繼承龐大的遺產。原本的家名為杜瓦隆（du Vallon），到了作品的後半段因為獲得新的領地，使得他的名字變成很長一串。不過波爾托斯並非為了錢才結婚，他是真的很愛妻子，因此每當周遭提起這件事他就會非常生氣。

波爾托斯是個肌肉發達的巨漢。儘管腦袋不靈光常被米蕾蒂嘲弄，臂力卻是同伴當中最強的，他時常到處發揮這股怪力，比如打死牛隻以及搬起巨石。劍術實力當然也不在話下。

波爾托斯總愛把自己打扮得花枝招展，這是因為他的容貌比不上亞托斯，才會想用華美的服裝來提高氣質。他跟亞托斯相反，是個擅長社交又多話的人物，豪邁磊落的人品使他備受同伴們的敬愛。

他跟亞托斯不同，沒什麼政治理念，很想出人頭地但不會為此耍手段。在《二十年後》裡的投石黨之亂中，波爾托斯應達太安的勸說加入馬薩林派，與亞托斯和亞拉密司對立，不過這純粹是因為馬薩林答應給他男爵的地位。投石黨之亂結束後波爾托斯便獲得男爵的稱號。

在第三部作品《布拉傑洛納子爵》中，三劍客之一的亞拉密司與王室作對，企圖對王室不利，波爾托斯在不知情的情況下幫了他的忙，結果成了背叛國王之徒而遭到追捕。負責追捕二人的國王軍隊指揮官達太安盡力幫助過去的同伴，卻還是無能為力，波爾托斯守在城裡，跟國王的軍隊奮戰到最後一刻才死去。許多人都為他的死而悲傷，長年服侍波爾托斯的隨從更是在喪禮後追隨主人而逝。

白俄羅斯發行的紀念幣。上頭為波爾托斯的肖像。

詭計多端的亞拉密司

亞拉密司是軍師型的人物，身為軍人卻嚮往神職人員的工作。年紀比亞托斯、波爾托斯小，比達太安大二、三歲。不過中年之後他偶爾會虛報

白俄羅斯發行的紀念幣。上頭為亞拉密司的肖像。

年紀。

亞拉密司是假名，不過作品裡並未揭曉他的本名。《三劍客》到《二十年後》期間他從火槍隊退伍改當神職人員，更名為德布烈神父（Rene d'Herblay）。據本人的說法，他會加入火槍隊是情勢所致，這都要怪亞托斯和波爾托斯把即將成為神職人員的他扯進麻煩裡。

亞拉密司待人和善，但是不輕易讓別人看穿自己的本性。他從來不碰賭博，因此還被火槍隊的同伴調侃不合群。女性關係相當精彩，每次失戀就難過地說想出家。

不過，他的劍術實力頗為高超，年輕時一對二也能輕鬆贏得勝利。但是上了年紀後患了痛風，於是他就不再用劍改動頭腦了。

亞拉密司在《三劍客》之後成為神職人員順利升遷，最後當上耶穌會（天主教的重要組織）的幹部。不過，他也因此產生「登上全基督教組織的頂點」這項野心，在《布拉傑洛納子爵》裡企圖對法國王室實行可怕的陰謀。

法王路易十四有個雙胞胎弟弟名叫菲利浦，為避免發生繼承問題，他被迫戴上鐵面具囚禁在監獄裡。亞拉密司想讓菲利浦偷偷逃出來，跟（長相一模一樣的）路易十四交換身分。

但是亞拉密司的陰謀失敗了，他和主動幫忙的波爾托斯都遭到國王軍隊的追捕。最後波爾托斯戰死，亞拉密司則勉強脫困逃亡到西班牙。之後就化名為西班牙貴族阿拉曼達公爵（Alameda）度過餘生。

亞托斯和波爾托斯死後，達太安也壯烈戰死了。因此三劍客的同伴中，只有亞拉密司活得最久。

順帶一提，《達太安故事》系列裡替換國王的插曲，後來被抽出來加以編輯，以《鐵面人》為名出版，此外還拍成電影作品。

三劍客是實際存在的人物嗎？

《三劍客》系列的主角達太安是實際存在的人物（➡一百零九頁），至於三劍客是否也一樣，就眾說紛紜了。

有人說史實中的達太安活躍的一六四〇年期間，火槍隊裡正好有名字近似亞托斯、波爾托斯、亞拉密司的成員，因此認為他們是真實人物。只不過他們的入伍時期並不一致，而且沒留下什麼成績就退伍了。撇開名字不談，實在很難想像作者大仲馬會拿他們當做角色設計的參考。

更重要的是，也不確定他們之間是否有著堅定的友情。

引導英雄的老騎士

希爾德布蘭德

【人名】希爾德布蘭德
【拼法】Hildebrand
【活躍國家】德意志、義大利

狄特里希傳奇是流傳於德國的日耳曼民間故事之一。這一連串故事描述的是伯恩（今義大利北部城市維洛那〔Verona〕）國王狄特里希・馮・伯恩（Dietrich von Bern）與同伴們的活躍事蹟，在日本不是很有名，不過在德國至今仍是很受歡迎的騎士文學。

希爾德布蘭德為登場人物之一，不僅是狄特里希王的忠心騎士，亦是教育他的老師。

英君信賴的師父

希爾德布蘭德原本是服侍狄特里希王之父的騎士，因為這層關係而負責教養年幼的狄特里希王子。希爾德布蘭德帶著少年狄特里希親自去冒險，灌輸他騎士為何物。最後希爾德布蘭德的薰陶有了成果，狄特里希成長為比任何人都強悍的戰士。對狄特里希與其他年輕騎士們而言，他就像是可靠的代理父親，故事裡不時能見到向希爾德布蘭德請益的小插曲。

在狄特里希因伯父羅馬國王艾爾曼里希（Ermenrich）的陰謀而被趕出伯恩時，希爾德布蘭德也沒有捨棄領主並支援這場戰鬥。

齊格飛對狄特里希

齊格飛傳奇（➡七十四頁）與狄特里希傳奇同樣誕生於中古時期的德意志，因此在發展期間互相採用了對方的登場人物。比方說十三世紀誕生於德意志的《英雄之書（Heldenbuch）》裡，就收錄了狄特里希派與齊格飛派交戰的故事──《沃姆斯的玫瑰園（Rosengarten zu Worms）》。

在《沃姆斯的玫瑰園》裡交手的狄特里希與齊格飛。圖片來自 15 世紀的抄本。

英雄齊格飛的未婚妻克麗姆希爾特聽了伯恩國王狄特里希的英勇傳聞後，很想知道他是否比齊格飛還要厲害，於是她提出比賽的邀請。狄特里希很猶豫要不要參加，最後是在希爾德布蘭德的激勵下與同伴們來到齊格飛的根據地。

比賽是以各別單挑的形式進行，伯恩與勃艮第王國（曾位於今法國東南部的國家，克麗姆希爾特的母國）分別派出十二名騎士對戰。希爾德布蘭德與克麗姆希爾特的父親吉希奇王（Gippich）交手，一下子就擊敗了年邁的國王。克麗姆希爾特帶著屈辱為父親向希爾德布蘭德求饒，希爾德布蘭德答應了她的請求。但是愛老婆的他只收下象徵贏家的玫瑰，以「比起公主的吻，我更想獲得故鄉的妻子烏特（Ute）的吻」為由婉拒公主的祝福之吻。

之後狄特里希也打敗了齊格飛，伯恩國王的同伴們亦展現了他們的實力。

《尼伯龍根之歌》裡的希爾德布蘭德

跟玫瑰園的故事一樣，希爾德布蘭德也曾出現在齊格飛傳奇《尼伯龍根之歌》裡。他在這部作品裡被稱為老師、武術師父，就連別國的人們也很尊敬這位狄特里希的家臣。

狄特里希因伯父的陰謀而被逐出伯恩後，便與家臣們投靠匈人（Hun，進入歐洲的亞洲部族）國王艾崔爾（Etzel）的宮廷。失去丈夫齊格飛的克麗姆希爾特，也在同一時期與艾崔爾再婚，使得狄特里希他們也被捲入克麗姆希爾特的復仇計畫中。

克麗姆希爾特拜託艾崔爾，將殺害前夫齊格飛的哈根招來宮廷裡，以便殺了他。經過慘烈的戰鬥後，各國的騎士幾乎都陣亡了，身為客人的狄特里希也被捲進鬥爭當中，除了希爾德布蘭德外，所有的家臣都死去了。

克麗姆希爾特達成親手殺死哈根的心願後，也被不滿王妃持劍殺人的希爾德布蘭德一刀砍死。結果為《尼伯龍根之歌》拉下終幕的竟然是狄特里希傳奇的騎士。

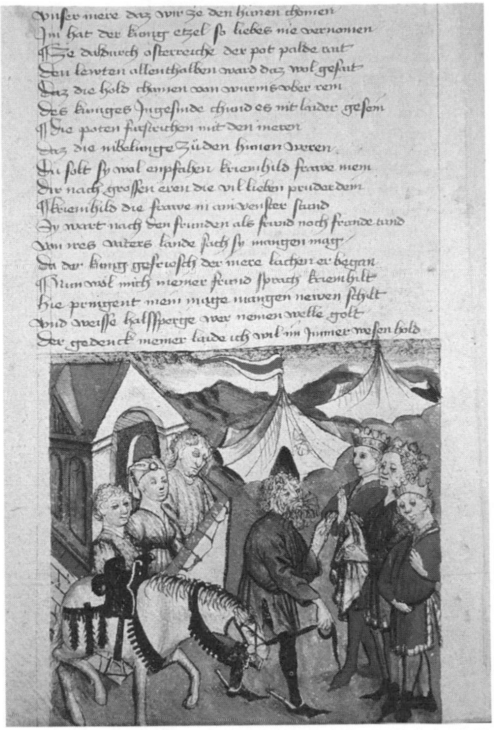

希爾德布蘭德向眾人警告克麗姆希爾特的企圖。圖片來自 15 世紀的抄本。

傳說的起源

狄特里希王的原型據說是六世紀征服義大利半島，建立東哥德王國的狄奧多利克大帝（Theoderic the Great）。不過，他的忠臣希爾德布蘭德似乎沒有明確的參考對象，有可能原本是其他傳說裡的英雄，後來才被加進狄特里希傳奇裡定位為家臣。

守護聖杯的天鵝騎士

羅恩格林

【人名】羅恩格林
【拼法】Lohengrin
【活躍國家】荷蘭、法蘭西

羅恩格林又被稱為「天鵝騎士」，是亞瑟王傳奇裡圓桌騎士帕西瓦爾（⬇二百二十九頁）的兒子。他跟父親一樣，都是守護聖杯（聖爵）的騎士。

雖然羅恩格林並未在亞瑟王傳奇集大成之作《亞瑟之死》（⬇十三頁）中登場，十三世紀德意志詩人艾森巴赫（Eschenbach）所著的《帕西瓦爾》裡曾提及他的身世，此外他還是華格納製作的歌劇《羅恩格林》的主角。

天鵝騎士傳說

舞台為十世紀前半葉，布拉邦特公國（Duchy of Brabant，今法國、荷蘭周邊）的大公之女愛爾莎（Elsa），在父親死後成為女大公繼承領地，但是弗瑞德里希伯爵（Friedrich）不服，指控愛爾莎偽造大公的遺囑，害她揹上莫須有的罪名。

羅恩格林就在聖杯的命令下，前來拯救陷入困境的愛爾莎。他乘著天鵝拉動的船出現在愛爾莎的決鬥審判（打贏的那一方則可獲得勝訴）會場，順利打倒伯爵救出愛爾莎。但是，羅恩格林基於守護聖杯的騎士團不能透漏自己身分的規定，嚴格要求愛爾莎別問起這件事情。

羅恩格林與愛爾莎結婚後成為布拉邦特的新任統治者，以武藝高超的國王之姿聞名遐邇。夫妻倆還育有二名孩子，生活相當幸福美滿。但是，放逐到國外的弗瑞德里希伯爵始終伺機報復羅恩格林。某天他逮到機會煽惑愛爾莎：「羅恩格林比任何人都強大，一定是因為他與地獄的惡魔有所掛勾。」

惶惶不安的愛爾沙終於問起羅恩格林的來歷。幸福的生活便在這一刻宣告結束，羅恩格林必須離開布

羅恩格林乘著天鵝拉動的船，趕來解救陷入困境的愛爾莎。1880年，歐特・馮・萊克斯那（Otto von Leixner）繪。

拉邦特才行。得知羅恩格林是聖杯騎士後，愛爾莎與人民皆拚了命地挽留他，可惜最後他仍乘著天鵝拉動的船離去。

歌劇《羅恩格林》

十九世紀於德國製作的歌劇《羅恩格林》大致上沿用這則傳說，不過細節有些差異。

布拉邦特公爵除了女兒愛爾莎外，還有一個兒子名叫哥特佛瑞德（Gottfried），而哥特佛瑞德在布拉邦特公爵去世前就失蹤了。原來弗瑞德里希伯爵企圖讓愛爾莎揹上殺弟的罪名以奪取國家，其實哥特佛瑞德是被弗瑞德里希的魔女妻子變成了天鵝。

後來在羅恩格林與愛爾莎的婚禮當晚，愛爾莎終於忍不住問起羅恩格林的來歷（因此二人的兒子並未出現在歌劇裡）。悲傷的羅恩格林只好離開布拉邦特，不過他也向上帝祈禱，使哥特佛瑞德得以從天鵝變回人類的模樣。布拉邦特公國便由原本的繼承者哥特佛瑞德統治。

而愛爾莎與丈夫分離後傷心過度，最後在弟弟哥特佛瑞德的懷中斷氣。

騎士文學的作者們

從中古時期到現代，有許多作家與吟遊詩人紛紛歌詠理想的騎士之姿。究竟這些作家都是些什麼樣的人物呢？

托馬斯·馬洛禮

托馬斯·馬洛禮是堪稱亞瑟王傳奇集大成之作《亞瑟之死》（➡十三頁）的作者。有關他的資料並不多，據說他是在一四一〇年左右於英格蘭中部出生，還曾擔任下院議員。不過，他曾經犯下強盜、強姦、竊盜等罪而多次入獄，還二度逃獄。但也有一說，認為他是因政治因素而被當成罪犯。最後也是在牢中辭世的。

之所以能寫出如此雄壯的故事，原因之一據說是坐牢期間有很多時間可以寫作。事實上馬洛禮本人也說過，作品的部分內容是在獄中撰寫的。

亞里奧斯托

查理曼傳奇作品之一《瘋狂奧蘭多》（➡四十七頁）的作者亞里奧斯托，是生於十五世紀的義大利人。他是在義大利豪門愛斯特家族當官時創作這些故事的。亞里奧斯托把作品裡流著希臘神話英雄之血的騎士路杰洛（➡五十八頁）設定為愛斯特家族的祖先，藉此拍主人馬屁。

賽凡提斯

創作《唐吉訶德》（➡一百零二頁）的西班牙作家賽凡提斯生於一五四七年，曾參與過一五七一年西班牙海軍擊潰鄂圖曼帝國軍隊的勒班陀海戰（Battle of Lepanto）。見證歷史轉捩點的他接連遭遇不幸，不僅在這場戰役中失去了左手，還在回國途中被土耳其人俘虜。五年後好不容易回到西班牙，他卻依舊窮困愁苦。《唐吉訶德》就是在窮苦生活中誕生的傑作。

追求肉慾與信仰的詩人

唐懷瑟

【人名】唐懷瑟
【拼法】Tannhäuser
【活躍國家】德意志

《唐懷瑟》是由著名的德國作曲家華格納作曲的歌劇。這部歌劇的正式名稱為《唐懷瑟與瓦特堡歌唱大賽（Tannhäuser und der Sängerkrieg auf Wartburg）》，華格納將德國傳說中的詩人唐懷瑟，與同樣是傳說裡的詩人歌唱大賽結合在一起，創作出這個故事。

故事的舞台瓦特堡城位於今德國中部的圖林根地區（Thuringia），十三世紀初的城主——方伯（Landgrave，地方領主）赫爾曼（Hermann）以蔭庇優秀詩人而聞名。傳說裡的歌唱大賽則是在一二〇六年或一二〇七年於這座城堡舉行的，還曾傳出領主夫人解救了比輸而差點遭到絞首的詩人海恩里希（Heinrich）的逸聞。華格納便是將海恩里希置換成唐懷瑟。

此外，主角詩人唐懷瑟是真實存在的人物，還是位曾參與十字軍東征的騎士。

唐懷瑟傳說

唐懷瑟出身於騎士家族，但比起打鬥他更愛寫詩唱歌。就在他過著隨興到各地宮廷表演贏得喝采、沉溺酒精與賭博的生活時，森林裡突然冒出一個洞窟並傳出美妙的音樂。唐懷瑟聽到洞窟裡的美女們以蠱惑的聲音邀他入內，便不顧一旁老人的勸阻跑進洞窟裡。

誘惑唐懷瑟的是女神維納斯。羅馬神話中愛與美的女神維納斯（希臘神話則為愛芙蘿黛蒂）因為基督教的普

瓦特堡歌唱大賽。圖片來自 14 世紀初的抄本。

誘惑唐懷瑟的愛與美女神維納斯。1878 年，奧地利畫家加布列・馮・馬克斯（Gabriel von Max）繪。國立華沙美術館藏。

及而被視為惡魔般的存在，在這個故事裡也是一名害人墮落的角色。

唐懷瑟在地下的魔法之國，與維納斯一起享受充滿歡愉的怠惰生活，但過了一段時間後感到厭倦。維納斯數度挽留想要離開魔法之國的唐懷瑟，不過在明白他心意已決後，維納斯便送他離開，並說：「如果人間排斥你，就回到我的身邊吧！」

回到德意志後，唐懷瑟對於自己遺忘對（基督教的）神的信仰、輸給了異教女神的誘惑一事感到可恥，於是到教堂懺悔。聽聞只有教宗才能赦免自己的罪後，唐懷瑟便前往羅馬晉見教宗，向教宗坦承自己與維納斯的事情。沒想到教皇卻回答他：「一如枯木製成的手杖不會再長出綠葉，你也同樣無法獲得救贖。」絕望的唐懷瑟最後又回到維納斯的魔法之國，不曾再返回德意志。

歌劇《唐懷瑟》

歌劇裡的唐懷瑟同樣受維納斯誘惑而怠惰度日，但是之後的發展卻不相同。

唐懷瑟回到德意志後，就被赫爾曼方伯以及同為詩人的沃夫拉姆（Wolfram）帶去瓦特堡城。赫爾曼的姪女伊莉莎白（Elisabeth）深愛唐懷瑟，見到他回城比誰都要開心。

之後，瓦特堡城舉辦歌唱大賽慶祝唐懷瑟回來。比賽的主題為「關於愛」。沃夫拉姆與出席的詩人們皆歌詠愛為崇高的理想，沒想到唐懷瑟卻說：「真正的愛即是純粹的歡愉。」令眾人大吃一驚。不僅如此，唐懷瑟還在爭論時說溜自己之前待在維納斯的魔法之國一事。

沃夫拉姆等人譴責變成（背離基督教義的）異端的唐懷瑟，幸好在伊莉莎白的努力調解下才免除一死。伊莉莎白希望：「給唐懷瑟懺悔改過的機會。」於是唐懷瑟便前往羅馬，尋求教宗的赦免。

伊莉莎白苦等唐懷瑟歸來，但是自羅馬回國的人群裡就是不見他的身影。於是伊莉莎白便向聖母瑪利亞祈禱：「願以自己的生命換取唐懷瑟免罪。」然後獨自一人上山去了。沃夫拉姆只能默默目送她踏上死亡之旅。

後來，沃夫拉姆發現唐懷瑟衣衫襤褸地回到德意志。唐懷瑟告訴沃夫拉姆，教宗斷言他「得不到救贖」，他難過地表示對此感到絕望並想回去維納斯的魔法之國。正巧就在此時，維納斯出現在二人面前，並準備帶走唐懷瑟。

當唐懷瑟即將落入維納斯懷抱時，沃夫拉姆告訴他伊莉莎白為他犧牲一事，唐懷瑟這才恢復理智。維納斯只好放棄唐懷瑟離開現場。

唐懷瑟跪倒在伊莉莎白的棺木前，這時年輕的朝聖者們帶著長出新芽的教宗手杖前來，通知人們唐懷瑟的罪獲得了赦免。

守護捷克的傳說騎士

布倫奇維克

【人名】布倫奇維克
【拼法】Bruncvík
【活躍國家】捷克

位於中歐的捷克共和國有二名守護國家的傳說騎士。一個是在大約一一〇〇年前於捷克推廣基督教的波希米亞公爵華茲拉夫一世（Václav I，被認可為基督教聖人，又稱為聖華茲拉夫），另一個則是騎士布倫奇維克。

與獅子並肩作戰的騎士

布倫奇維克年紀輕輕就從父親手中接下捷克的統治權。公正君主布倫奇維克廣受人民愛戴，但是他並未在自己的國家停留太久，某天他決定以騎士的身分來趟冒險之旅。妻子尼歐梅妮雅（Neoménie）努力阻止丈夫展開危險的旅行，可是布倫奇維克只留下一句：「如果七年後我還沒回來，妳就當我已經死了！」便啟程了。

布倫奇維克在旅途中遭遇重重困境，還在海上碰到大風暴而失去所有隨從。

孤身一人的布倫奇維克來到荒山，遇見正在搏鬥的綠色九頭龍與雙尾獅。他決定幫助獅子，布倫奇維克與獅子輪流戰鬥。當他養精蓄銳的期間就由獅子戰鬥，反之獅子累了就換他上場。最後他們終於成功打倒了九頭龍。

後來這頭獅子成為布倫奇維克的忠友，每次戰鬥時牠總是與布倫奇維克並肩而戰。

砍落敵首的魔法劍

布倫奇維克和獅子在山野流浪了三年以上，最後終於抵達某座城堡。沒想到那座城堡是由擁有二對眼

手持魔法劍的布倫奇維克像。豎立在捷克首都布拉格的查理大橋上。©Patrick-Emil Z・rner

睛、手腳各有十八根指頭的異形國王所統治，結果布倫奇維克被關在城堡裡。為了離開城堡，布倫奇維克答應國王的條件，救回被蛇尾怪物巴吉利雪克（Bazilišek）抓走的公主亞芙莉卡（Afrika）。

布倫奇維克和獅子經過數天的激戰，總算打倒巴吉利雪克和手下的怪物，救回國王的女兒。可是國王卻沒有遵守承諾，還逼布倫奇維克跟女兒亞芙莉卡結婚。布倫奇維克詛咒這個不知感恩的國王，但他也只能選擇接受。

再度被限制在城堡後不久，布倫奇維克得到一把藏在城堡地底下的古劍。這是一把魔法劍，只要拔劍大喊：「一顆頭、二十顆頭、三十顆頭、十萬顆頭掉下來。」就會有這麼多顆頭顱立刻掉下來。於是布倫奇維克就用這把劍成功逃出城堡。

國王歸來

布倫奇維克這趟旅行，花了比他跟妻子約定的七年還要長的時間。當他回到捷克首都布拉格時，尼歐梅妮雅早就以為他死了而再婚。

尼歐梅妮雅很高興丈夫歸來，但新婚妻子遭人橫刀奪愛的新郎自然開心不起來。新郎與他的隨從襲擊布倫奇維克想要殺掉他，結果布倫奇維克又用那把魔法劍砍落他們的腦袋而逃過一劫。

之後布倫奇維克再度統治捷克，並決定以紅底白獅做為國旗圖案，和平治理捷克達四十年以上。忠實的獅子始終待在布倫奇維克的身邊，當布倫奇維克去世，改由兒子繼承王位時，獅子也在布倫奇維克的墳墓旁斷了氣。

布拉格的魔法劍

布倫奇維克在死前暗中命人把魔法劍埋在布拉格的查理大橋（Charles Bridge）橋墩附近。根據捷克的傳說，這把魔法劍已埋藏在那裡數百年，一旦捷克面臨危機就會再度出現。

捷克共和國的國徽。三種紋章分別代表組成共和國的地區，左上與右下的獅子為波希米亞（布拉格隸屬此區），右上的格紋老鷹為摩拉維亞（Moravia），左下的黑色老鷹則象徵西里西亞（Silesia）。

當這個國家悲傷消沉時，捷克的主保聖人——聖華茲拉夫的騎士團就會趕來相助，從查理大橋挖出布倫奇維克的魔法劍，然後大喊：「砍落捷克的敵首！」再次為捷克帶來安寧。

此外，雙尾獅的紋章至今仍是捷克的象徵，捷克共和國的國徽（比國旗更複雜，象徵國家的紋章）則是紅底白色雙尾獅的圖案。

比武大會

騎士們展現自身勇氣與武藝的場所，有戰場和比武大會。所謂的比武大會，就是騎士們如同上戰場般穿戴盔甲，在既定規則下與對手打鬥的競賽。

目前仍在使用的英文單字「Tournament」即是源自比武大會。「Tournament」可指大會整體，或是以下說明的團體戰。

比武大會的規則

說到騎士的比武大會，通常都會想到馬上單挑戰（Joust），其實比賽還有幾種形式。十二世紀先制定了**馬上團體戰**（Melee）的規則，之後才衍生出**馬上單挑戰**。

此外，騎士的競技通常是在馬背上進行，徒步戰鬥則是到十五世紀以後才普遍化。

馬上團體戰

跟戰場一樣，參賽的騎士按地區或國家分成二隊戰鬥。在團體戰裡，不管是多打一，還是攻擊落馬者都不算違規。

馬上單挑戰

單挑戰同樣是騎馬戰鬥。武器為長槍，攻擊的目標則是釘在對手盾牌上的四處平頭釘、頭盔以及喉嚨部位的鎧甲。保護喉嚨的防具稱為護頸甲。

馬上單挑戰通常是在馬上戰到弄斷三把長槍為止，如果還想繼續比賽就改為徒步戰鬥。或是事先決定採用三局馬上戰鬥、三局徒步劍戰、三局斧頭或短劍戰等等。

其他的競技

除了前述的種類外，還有**槍靶比試**——騎馬拿長槍刺人偶，以及**串環競走**——在奔馳的馬上以長槍勾取掛在支柱上的圓環等競技。

真實騎士

英法百年戰爭以前

before the 100 Years War

英法百年戰爭以前的歷史

本章主要介紹十一世紀至十五世紀，活躍於真實歐洲歷史的騎士。

首先來說明他們生存的是什麼樣的時代，以及當時的騎士處於什麼樣的立場。

領主：封建制度的建立

中古時期歐洲確立了封建制度。這是一種基於雙向契約成立的機制，國王或貴族等領主負責保護領地，臣子則在戰時率兵支援。

領主與臣子間是雙方都要承擔義務的契約關係。不滿的臣子也可以解除契約服侍別的領主。

領地：莊園制度

騎士亦是管理莊園的領主。領主與領民的關係同樣建立在雙向契約上，騎士負責保護領地免於敵人侵擾，領民則得繳納賦稅。盔甲與劍等騎士的裝備也是用領地的收入來準備。

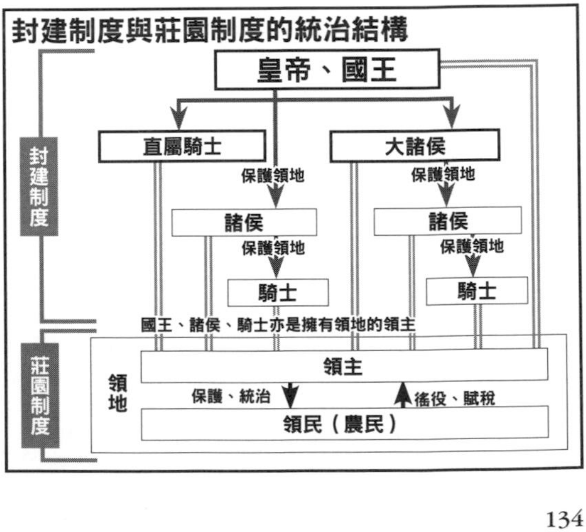

宗教：基督教的滲透

基督教教義深植於人們的生活中，教會的權力非常強大。「騎士必須信仰虔誠」的觀念亦滲透整個社會，歐洲的基督教國家屢次與伊斯蘭教勢力開戰，即是因為當時的人讚揚為信仰而戰的緣故。

騎士們的戰場

本章列舉了歐洲各地的騎士。首先來確認他們活躍的地區吧！

除了國與國之外，中古時期也頻繁發生基督教徒與伊斯蘭教徒間的戰爭。以下簡單說明哪些地區發生過什麼樣的戰爭，以及爆發戰爭的背景因素。

十字軍東征

基督教徒的聖地耶路撒冷，自七世紀起由伊斯蘭教勢力統治，西歐的王公貴族為了奪回聖地而發動遠征。

➡ **布詠的哥德佛洛伊（一百四十二頁）、高提耶・桑薩瓦爾（一百四十六頁）**

英法百年戰爭

一三三七年至一四五三年期間，英法二國斷斷續續地交戰。

➡ **海諾的菲莉帕（一百五十四頁）、貝特朗・杜・蓋克蘭（一百五十八頁）、利舒蒙元帥（一百六十二頁）、吉爾・德・萊斯（一百六十八頁）**

復地運動（Reconquista）

伊比利半島自八世紀起納入伊斯蘭教的勢力範圍，基督教徒為奪回土地而與他們激烈爭鬥。

➡ **席德（一百三十六頁）**

對抗穆斯林的西班牙英雄

席德

【人名】羅德利哥・狄亞茲・德・維瓦爾
【拼法】Rodrigo Díaz de Vivar
【生卒年】1043?-1099
【活躍國家】西班牙

席德（El Cid）本名羅德利哥・狄亞茲・德・維瓦爾，他是十一世紀的西班牙軍人及貴族，亦被譽為中古時期西班牙的第一名將。他在對抗伊斯蘭教徒的戰役中立下許多功績，西班牙最古老的英雄故事《席德之歌》便是描述其活躍事蹟，並在後世廣為流傳。

席德通稱裡的「El」是西班牙語的定冠詞，「Cid」則是源自阿拉伯語的「Sayyid（主人、領主之意）」。此外，一般在稱呼這個人時，通常會加上由來自中古時期騎士故事的稱謂「Campeador（勝利者之意）」。

復地運動

席德所生存的時代，西班牙正處於動亂當中。

歐洲西部的伊比利半島曾由基督教國家與伊斯蘭教國家輪流統治。基督教國家西哥德王國自五世紀起便在伊比利半島上繁榮發展，但在八世紀初伊斯蘭王朝的軍隊從地中海對岸的北非進攻，消滅了西哥德王國後，伊比利半島就改由伊斯蘭教徒統治。

指揮軍隊的席德銅像，位於西班牙北部城市布哥斯（Burgos）。

當時躲過伊斯蘭軍隊猛烈追擊的西哥德王國王族與基督教徒倖存者，逃進了西班牙北部阿斯圖里亞司（Asturias）的山岳地帶。之後就在那裡重新建立基督教國家。

伊斯蘭教徒稱他們征服的西班牙土地為安達魯斯（Al-Andalus）。當地融合基督教文化與伊斯蘭教文化而大放異彩，這時的西班牙是世界上屈指可數的豐饒土地。可惜西班牙的伊斯蘭王朝在權力鬥爭下瓦解，於十一世紀前半葉分裂成三十多個稱為泰法（Taifa）的小國。

反觀勉強在阿斯圖里亞司保留命脈的基督教徒們，十一世紀中葉斐迪南一世（Fernando I）於伊比利半島東部一帶建立卡斯提亞－雷昂王國（Castile and León）。但是，斐迪南一世把國土分割給三個兒子，長男桑喬二世（Sancho II）繼承卡斯提亞王國，阿方索六世（Alfonso VI）則繼承雷昂王國，結果導致了兄弟相爭的悲劇。

猛將席德

席德以名將之姿留名後世，不過他的前半生其實並不得志，一再受到瞬息萬變的政治局勢擺布。

一〇四三年左右出生在維瓦爾（今西班牙北部）的席德，是卡斯提亞王國下級貴族的兒子，後來按照當時的貴族習俗送到君主桑喬二世的身邊養育。桑喬二世相當賞識武藝精湛的席德，還在騎士冊封儀式上擔任他的監護人。席德就在桑喬二世麾下從軍提升評價，當桑喬二世搶奪弟弟阿方索六世的雷昂王國時他也有精彩的表現。

但也因為如此，當桑喬二世遭到暗殺，由阿方索六世繼承王國時，他的立場變得非常複雜。阿方索六世曾任用席德一段時間，不過也二度放逐他。但是從席德娶阿方索六世的姪女希梅娜（Jimena）為妻一事來看，可以想見阿方索六世也把他視為重要人物。至於席德為何會遭到放逐這點，至今仍是個謎。

總而言之，席德離開卡斯提亞王國後，在過去的敵人——西班牙東北部的伊斯蘭教國家薩拉戈薩

（Zaragoza）流亡數年，他不僅指揮軍隊對抗基督教國家，並擔任該國的政治顧問。當時是個基督教徒可以成為異教徒的傭兵以養活自己和下屬的時代。而他源自阿拉伯語的通稱本來是伊斯蘭教徒所用的尊稱，後來也廣為基督教徒使用。

征服瓦倫西亞

不久，阿方索六世為了對付來自非洲的阿莫拉維族（Almoravid，隸屬伊斯蘭教勢力的穆拉比特王朝〔Al-Murābiṭūn〕），於是把名將席德找回宮廷。

回到卡斯提亞王國後，席德就著手征服西班牙東部的瓦倫西亞（Valencia）。他還收到阿方索六世的詔書，允許他把從伊斯蘭教徒手中搶回來的土地當成自己的領地。一〇九四年他征服瓦倫西亞城當上城主，並把遭到幽禁的妻兒接回來同住。《席德之歌》便是歌詠其征服瓦倫西亞的豐功偉業。

一介騎士的席德爬到等同於國王的地位，二名女兒也分別嫁給了納瓦拉王國（Navarre，西班牙境內的基督教國家）的王子與巴塞隆納伯爵。名將席德的血統就透過西班牙的王族代代傳承下去。

不過一〇九九年席德去世後，巴塞隆納遭受阿莫拉維族的猛攻，其遺孀希梅娜與阿方索六世不得不放棄巴塞隆納。日後基督教徒再度奪回巴塞隆

作者不詳。描繪席德在征服瓦倫西亞時的戰況。

納，已是一二三八年以後的事了。

英雄的同伴

傳說席德擁有二把名為提左納（Tizona）與柯拉達（Colada）的寶劍，其中提左納目前仍在西班牙國內的博物館裡展示。此外，傳說席德的愛馬叫做巴比耶卡（Babieca），巴比耶卡的意思是「蠢蛋」。據說是為席德取名的人要他挑選馬匹時，席德因選了瘦弱的馬而被罵「蠢蛋！」，便直接拿來當成馬的名字。

現存的提左納。收藏於西班牙布哥斯博物館。

《席德之歌》

讚揚席德的《席德之歌》是西班牙文學中最古老的敘事詩，推測為十二世紀左右創作的作品。作者不詳，可能是當事人在世時有數名詩人寫詩讚揚他的功勳，在席德死後一世紀左右才由一名詩人彙整而成。

本作始於席德二度遭到阿方索六世放逐的場景，描述他與下屬進攻瓦倫西亞的戰事，以及與二名女兒的婚姻有關的事件。本作或許因為是在英雄死後不久誕生，有別於其他敘事詩，所以寫實性極高，但內容並不全然是史實，當中還添加了「以決鬥方式報復羞辱二名女兒的女婿」這類席德個人的戰鬥。

騎士的鎧甲

說到騎士的鎧甲，大多會想到包覆全身的板金鎧甲。不過，板金鎧甲是在十四世紀以後的中古後期才發達的，之前的騎士都是穿戴鎖子甲和鐵盔。

鎧甲的演變

鎖子甲

鎖子甲是用金屬細環串聯成布狀，如衣服般覆蓋全身的鎧甲。亦有利用高度製造技術，做成連手指都包覆到的全身型鎧甲。

穿戴鎖子甲的騎士。1892 年的作品。

板金甲

十四世紀起開始以板金甲（Plate Armour）為主流，鎖子甲則變成穿在底下的輔助用防具。雖然板金甲是用金屬板包覆全身，不過每個部位都處理得能夠很好動。

板金甲的總重量高達二十五公斤至三十五公斤。不過習慣之後，請隨從幫忙大約十分鐘就能穿戴完畢，也能做出敏捷的動作。

堅固的板金甲防禦性能極高，為了對抗這種鎧甲，鎚矛等打擊武器也跟著發達起來。

只不過板金甲透氣性差，穿在身上十分悶熱，甚至還有人在戰鬥中窒息而死。也有頭盔被劍打到變形，為了脫下頭盔還得拿鐵鎚敲打的情況。

現存的板金甲。馬匹也有穿戴防具。©Jorge Royan

聖地耶路撒冷的守護者

布詠的哥德佛洛伊

【人名】布詠的哥德佛洛伊
【拼法】Godefroy de Bouillon
【生卒年】1060?-1100
【活躍國家】法蘭西、耶路撒冷

現為以色列城市的耶路撒冷，是耶穌基督被釘上十字架殉教的地方，對基督教徒而言是一塊聖地。布詠的哥德佛洛伊是十一世紀的法蘭西軍人及貴族，在激烈的圍攻下，占領自七世紀以來就受到伊斯蘭教勢力統治（耶路撒冷也是伊斯蘭教徒的聖地）的耶路撒冷，成為第一任耶路撒冷國王。

十字軍的起源

一〇九五年羅馬教宗烏爾班二世（Urbanus II）發表了一場著名的演說。教宗控訴分布於波斯的土耳其人迫害當地的基督教徒，甚至進入鄰近歐洲的地中海沿岸，並主張此時此刻應該幫助住在東方的同胞，奪回聖地耶路撒冷。教宗更承諾，為基督教神戰死者可洗清塵世的罪過前往天堂。

這場演說掀起驚人的狂熱效應，促使歐洲各地的王公貴族皆整頓軍備前往耶路撒冷。這即是日後被稱為第一次十字軍東征的大規模遠征。

哥德佛洛伊的肖像畫。1882 年繪。

洛林人的指導者

一〇六〇年，布詠的哥德佛洛伊出生於法蘭西北部。他在舅舅身邊接受騎士教育，舅舅死後便繼承法蘭西西北部下洛林（Basse-Lorraine）的領地。哥德佛洛伊信仰虔誠，還常因為禱告時間過長害晚餐冷掉而惹同伴們生氣。他在聽聞教宗的演講後便決定參與十字軍。

諸侯的軍隊整頓完畢後就陸續出發。雖然不清楚正確的人數，據

現存哥德佛洛伊的劍。

推測每隊可能約莫一萬人。哥德佛洛伊率領的軍隊一般習慣稱為洛林隊。洛林隊花了大約四個月從法蘭西橫越東歐，抵達君士坦丁堡（今土耳其城市伊斯坦堡）。

當時君士坦丁堡是拜占庭帝國（東羅馬帝國）的首都。古羅馬帝國於四世紀分裂為東、西羅馬帝國後，西羅馬帝國很快就滅亡了，而拜占庭帝國則繼承羅馬的遺產，建立起高等的文化。皇帝亞歷克塞斯一世（Alexios I）對這群自西方蜂擁而至的野蠻「朝聖者」十分頭痛，最後決定慎重迎接後再盡快把他們送到伊斯蘭教勢力圈。哥德佛洛伊是眾所周知的虔誠信徒，不過公主安娜（Anna）卻在著作裡留下「（西方人）不管是誰都認為自己比別人還要優秀」這段冷漠的記述。

哥德佛洛伊在君士坦丁堡與其他軍隊會合後，終於在一〇九七年踏入敵人的陣地。

聖墓的守護者

儘管飽受酷暑與疫病所苦，十字軍仍持續進擊，並於一〇九九年七月起展開耶路撒冷圍攻戰。

哥德佛洛伊的軍隊利用稱為「攻城塔」（底部有輪子的塔樓）的攻城武器攀上城牆，成功利用自敵方搶來的木材在城牆與城堡之間架起一座橋，率先進入城內。在攻城戰中最先入城者具有支配權利，因此哥德佛洛伊獲得了占領耶路撒冷後的合法統治權。

侵入耶路撒冷的十字軍毫不留情地劫掠居民。伊斯蘭教勢力容許各宗派信徒於耶路撒冷和平共存，然而十字軍卻殘殺伊斯蘭教徒，還把猶太人關進禮堂裡燒死。這是因為當時的觀念認為，討伐異教徒是一種取悅上帝的行為。瘋狂破壞後，恢復理智的士兵們便以虔誠的朝聖者身分向基督禱告。

占領耶路撒冷後，哥德佛洛伊被選為第一任國王。其他的武將勸他以「耶路撒冷國王」自居，不過他客氣地婉拒，僅稱自己為「聖墓的守護者」。此外，哥德佛洛伊還征服了耶路撒冷周邊的土地及整頓王國的規模，可惜即位短短一年就在耶路撒冷去世了。

遙遠的耶路撒冷王國之夢

哥德佛洛伊的弟弟鮑德溫（Baldwin）繼承了王位，但是耶路撒冷王國的運作並不順遂。原因很簡單，達成征服耶路撒冷的目標後，大部分的十字軍士兵都回國了。要殖民異國必須派士兵駐紮並吸引人民移居，可是他們缺乏現代的殖民觀念。他們能守住耶路撒冷約莫一百年的時間，最大的原因在於伊斯蘭教勢力忙於內部鬥爭。

之後基督教徒為了再度占領耶路撒冷而數度發動十字軍東征，可是撇開短暫的期間不算，他們都不曾再獲得聖地。以結果而論，第一次十字軍東征是最初，也是唯一一次達成目標的遠征。

進行耶路撒冷圍攻戰的哥德佛洛伊。1337年繪。

領導平民十字軍的騎士

高提耶·桑薩瓦爾

【人名】高提耶·桑薩瓦爾
【拼法】Gautier Sans-Avoir
【生卒年】?-1096
【活躍國家】法蘭西、耶路撒冷

十一世紀末至十二世紀，為奪回受伊斯蘭教徒統治的基督教聖地耶路撒冷，歐洲各國國王發動數次遠征，這即是十字軍東征。十字軍當中不僅有國王與貴族率領的士兵，還有許多自發性參與的平民。

他們有別於國家的軍隊，被稱為平民十字軍，但絕大多數在抵達耶路撒冷前就悲慘地犧牲了。

高提耶・桑薩瓦爾是十一世紀後半葉的騎士，亦是平民十字軍的指導者之一。過去認為「桑薩瓦爾」是意指身無分文（直譯就是「身上什麼都沒有」）的綽號，不過最近的研究則認為那是法蘭西北部普瓦西（Poissy）的領主姓氏。

隱士彼得與平民十字軍

一〇九五年教宗鼓勵發起十字軍東征的號召，同樣在平民之間掀起熱潮。

教宗演說之後，隱士彼得就開始在法蘭西中部進行街頭演講。儘管他看起來像個可疑人物，但是平易又熱情的演講，卻在民眾之間掀起一陣想到耶路撒冷朝聖的熱潮。受到隱士彼得號召的人們等不及各地貴族整頓好軍備，而趕在布詠的哥德佛洛伊（➡一百四十二頁）率領的第一次十字軍東征之前，從德意志的科隆（Cologne）啟程前往耶路撒冷。

高提耶也是陷入這股熱潮的其中一人。原本是騎士的他負責領導一支由法蘭西平民組成的隊伍，統率絕大多數都是非戰鬥員的平民十字軍。

關於民眾為何全都集結前往耶路撒冷的原因，有幾種說法。例如：農民飽受封建

指引通往耶路撒冷之路的隱士彼得。圖片來自 13 世紀的抄本。

作者不詳。描繪平民十字軍的毀滅。

社會沉重壓力之苦想尋求新天地，或是中古時期的經濟發展與延續開拓精神等等。

此外，平民十字軍這個稱呼容易讓人覺得參與者都是貧民，實際上成員當中也不乏高提耶這些騎士或富人。只不過，大部分的民眾根本搞不清楚歐洲的地理，從踏出德意志的那一刻起，每到一個城市他們就會問：「這裡是耶路撒冷嗎？」

前往耶路撒冷的遙遠路途

高提耶率領的隊伍沒什麼大問題地走遍德意志、匈牙利與東歐。儘管他們在貝爾格勒（Belgrade，今東歐塞爾維亞的首都）與居民發生爭鬥導致人數減少，最後仍在拜占庭帝國首都君士坦丁堡（今土耳其城市伊斯坦堡）與隱士彼得率領的隊伍會合。

拜占庭皇帝勸他們等較晚出發的正規軍一起行動，但是平民十字軍仍提早一步踏進伊斯蘭教勢力圈。由於這支隊伍本來就是烏合之眾難以控制，最後他們在尼西亞（Nicaea，今土耳其西北部）附近遭到土耳其軍攻擊而毀滅。高提耶也在當時戰死。

順帶一提，隱士彼得因當時有事離開隊伍而逃過一劫，之後他和少數倖存者一起跟軍隊會合，見證十字軍攻陷耶路撒冷的歷史性一刻。儘管是一群僅因狂熱而投身運動的人們，不過仍有少數人達成了目標。

據說彼得回國後成了比利時的修道院院長。

騎士精神與基督教的關係

騎士文學裡常可見到「撒拉森人（Saracen）」這個稱呼。他們絕大多數都是擔任騎士的敵人，最後慘遭無情砍殺。

撒拉森人是基督教徒眼中的異教徒，所以才會跟主角們為敵。事實上在中古時期的歐洲，撒拉森人是伊斯蘭教徒的代名詞。

與騎士結合的基督教

本來騎士是指世俗的武人，跟基督教教會沾不上邊。

但是自十世紀起，教會就開始宣揚「如同侍奉領主般地信仰（基督教的）神才是優秀的騎士」。其原因當然是為了讓世俗的貴族加入他們好擴大勢力。

最後，與騎士有關的儀式都可見到基督教與教會的影子，比方說騎士冊封儀式（➡六十六頁）固定在教堂舉行。

為信仰而戰的騎士

「為信仰而戰的騎士」這種概念就這樣誕生了。十字軍東征（➡一百三十五頁）就是最簡單明瞭的例子，教宗烏爾班二世號召眾人奪回由伊斯蘭教徒統治的聖地耶路撒冷，不僅斷言：「討伐異教徒是取悅上帝的行為。」並擔保：「自身的罪可透過對抗異教徒得到淨化。」

在這個影響下，騎士文學也開始加入騎士討伐撒拉森人的情節。

另外，教會之所以熱中征服異教徒的領土，其實還有一個現實的原因。基督教教徒習慣捐獻收入的十分之一給教會（稱為十一稅），只要信徒變多就能連帶增加教會的收入。

體現騎士故事之人

威廉·馬歇爾

【人名】威廉·馬歇爾
【拼法】William Marshal
【生卒年】1147-1219
【活躍國家】英格蘭

威廉・馬歇爾是生於十二世紀的英格蘭騎士。他出身於地位較低的貴族，傳說他在馬上長槍比武大會上與五百名以上的騎士交手，從來不曾戰敗過。勇猛的他獲得王族的賞識，繼而出人頭地，忠心服侍歷代國王。

不幸的少年時代

威廉・馬歇爾是在一一四七年於英格蘭南部出生的。

他曾在少年時代遭父親見死不救。當時英格蘭為了王位繼承問題而處於內亂狀態，父親約翰・馬歇爾（John Marshal）把年幼的威廉送去當做休戰的人質。但後來因為約翰沒有遵守協定，盛怒的敵人威脅要吊死威廉，沒想到約翰卻回答：「要吊就吊，反正我還有鐵鎚與鐵砧可以打造出更出色的兒子！」對威廉見死不救。所幸威廉很得敵將的欣賞，才沒因為父親的背叛而遭到殺害。

馬上長槍比武的明星

馬歇爾家族的地位並不高，而且威廉也不是長男，因此他必須自己開拓發跡之路。威廉在堂兄弟那兒修行，十八歲時受封為騎士。獨立後就成為馬上長槍比武的常客。

馬上長槍比武，顧名思義就是騎士穿戴盔甲騎馬對戰的比賽。起初是模擬戰爭的競賽，後來演變成備受王公貴族喜愛的運動，各地時常會舉辦比武大會。儘管比武亦存在喪命的危險，但只要展現出自己的武藝，不僅能獲得前來觀戰的王族或貴婦的關注，如果俘虜了敵方騎士或馬匹還可以賺錢。因為按當時的慣例，遭到敵方俘虜時得付「贖金」才行。

威廉甫一上場就俘虜了五個人立下大功勞，因此受到舅舅索爾茲伯利伯爵（Salisbury）的賞識，在他手下任職。

之後威廉仍參加各地的比賽，成功累積了一筆財產。他曾與一名友人組隊到各地征戰（比賽並未禁止騎士聯手合作），結果不到十個月的時間就俘虜了一百零三匹馬與數名騎士。威廉還在晚年追述自己跟五百名以上的騎士交手過的事蹟。

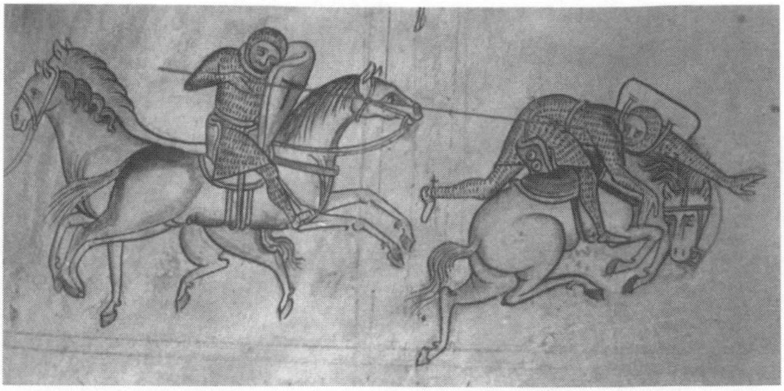

在馬上長槍比武大會上戰鬥的威廉。13 世紀編年史作家馬修・帕里斯（Matthew Paris）繪。

十二世紀最傑出的騎士

某天，威廉跟著索爾茲伯利伯爵護衛英格蘭王后阿基坦的愛麗諾（Eleanor of Aquitaine）。

半路上反抗王室的貴族襲擊他們，想要綁架愛麗諾。索爾茲伯利伯爵將愛麗諾帶到安全的地方，自己卻碰上埋伏而喪命。趕來救援的威廉成功幫舅舅報了仇，但大腿受傷的他最後遭到俘虜。愛麗諾對於威廉勇敢奮戰的表現十分感動，於是盡全力幫忙才使他平安獲救。

威廉因這起事件受到愛麗諾的賞識，二十五歲時便擔任幼王亨利（愛麗諾之子，父親亨利二世的共治君主）的教育人員。

年過四十後，威廉與十七歲少女伊莎貝爾・德・克列爾（Isabel de Clare）結婚。伊莎貝爾擁有廣大的領地，是英格蘭最富有的女性繼承人之一。這段人人稱羨的婚姻使威廉獲得潘布魯克伯爵（Pembroke）的稱號，躋身名門貴族的行列。這對老夫少妻的感情十分融洽，育有五男五女。

侍奉五位國王

威廉一生共服侍幼王亨利、亨利二世、理查一世（獅心王理查）、約翰王、亨利三世這五名國王。在政治家生涯中，威廉的最大功績就是頒布大憲章。這是一份劃時代的文件，目的是使國王的權力受到一定程度的限制，在後世不僅是近代憲法的原型，至今仍是英國的法典之一。由於當時約翰王與貴族之間的對立情況嚴重，才會試圖限制國王權力以解決此事。這段期間威廉為了調解約翰王與貴族而東奔西走。

約翰王死後由年僅九歲的亨利三世即位，威廉則以攝政身分支撐國政。就出身小貴族的人物而言可算是破例升遷吧！一二一九年威廉辭世，享壽七十二歲。

倫敦聖殿教堂現存的威廉像。

嘉德騎士團首位女性團員

海諾的菲莉帕

【人名】海諾的菲莉帕
【拼法】Philippa of Hainault
【生卒年】1314-1369
【活躍國家】英格蘭

海諾的菲莉帕是十四世紀英格蘭國王愛德華三世（Edward III）的王后。她時常隨丈夫到戰場鼓舞士兵，並且對英格蘭國內的產業發展貢獻良多。此外，她也是丈夫愛德華三世設立的嘉德騎士團首位女性團員。

荷蘭公主

海諾的菲莉帕於一三一四年出生，為尼德蘭（Nederlanden，今荷蘭）海諾伯爵紀堯姆一世（Guillaume I）的女兒。海諾伯爵有五個女兒，據說菲莉帕是當中最漂亮的美女。根據當時的紀錄，她有著介於黛黑與褐色的頭髮，黑褐色的眼珠，以及遺傳自父親的褐色肌膚。

她與英格蘭的愛德華三世為表兄妹。當時教會禁止近親結婚，因此這段婚姻還得專程取得教宗的許可。一三二七年新娘抵達倫敦時，新郎愛德華三世正與鄰國蘇格蘭交戰而不在國內，二人直到第二年才舉行盛大的婚禮。

菲莉帕王后的肖像畫。作者不詳。

毛織物與煤炭

十四、十五世紀的英格蘭能有驚人的經濟發展，同樣要歸功於菲莉帕王后。

當時的英格蘭在歐洲仍屬於落後國家，只能對法蘭西望洋興歎。

舉例來說，英格蘭的紡織技術尚不成熟，只能進口法蘭西北部法蘭德斯伯爵領地（Flanders，今荷蘭至比利時一帶）的優質毛織物。菲莉帕為了將毛織產業引進英格蘭國內，於是設立紡織公會，從法蘭德斯招聘技術人員。大批紡織工人在菲莉帕的資助下移居英格蘭，促使過去只能生產粗糙紡織品自給的國家，終於能夠透過出口毛織物賺取大筆收入。

此外，菲莉帕還擁有鄰近炭礦的領地，她在取得愛德華三世的許可後就開始採掘煤炭。這項事業同樣蒸蒸日上，在曾孫愛德華四世的時代達到巔峰。

坐在船上的菲莉帕。15 世紀的畫作。

率軍作戰的王后

英格蘭與法蘭西在愛德華三世的時代爆發長期戰爭，也就是著名的「聖女」貞德參與過的百年戰爭。

除了大不列顛島外，英格蘭在歐洲大陸上也有領土。當時法蘭西片面宣布沒收那塊領土，同時也把當時為獨立國家的法蘭德斯伯爵領併入法蘭西。一旦最大的羊毛買家法蘭德斯歸法蘭西管理，英格蘭國內的羊毛產業就無法生存下去了。

菲莉帕陪著愛德華三世前往法蘭德斯，全心全意支援對抗法軍的丈夫。愛德華三世的軍隊每戰必勝，甚至曾有一段時間英格蘭家家戶戶都有一、二樣來自法蘭西的戰利品。

在愛德華三世出兵法蘭西的期間，菲莉帕則留守於英格蘭國內。期間遭到鄰國蘇格蘭的襲擊，菲莉帕王后親自騎白馬上陣鼓舞士兵：「英勇地為上帝而戰吧！」在她的指揮下，英格蘭軍隊順利擊退了蘇格蘭軍隊。

嘉德騎士團

愛德華三世是個熱愛亞瑟王傳奇的人物。當時騎士精神已經落伍了，不過他仍為了慶祝戰勝法蘭西而仿效圓桌傳說設立騎士團。這個嘉德騎士團並非傳說裡的那種騎士組織，而是用來賜予有力貴族名譽、使他們對國王效忠的手段。由於是這種性質的騎士團，因此女性也可加入，菲莉帕就是嘉德騎士團的首位女性團員。

英格蘭國母

19 世紀繪製的嘉德騎士團徽章。

菲莉帕一生共產下十二名孩子。其中長男愛德華（Edward）武藝高超留名青史，一般稱他為「黑王子」。四男約翰（John）為蘭開斯特家族（House of Lancaster）的始祖，五男愛德蒙（Edmund）為約克家族（House of York）的始祖。約翰與愛德蒙的子孫在菲莉帕死後約一百年，於英格蘭國內展開激烈的權力鬥爭。

法蘭西的猛犬

貝特朗·杜·蓋克蘭

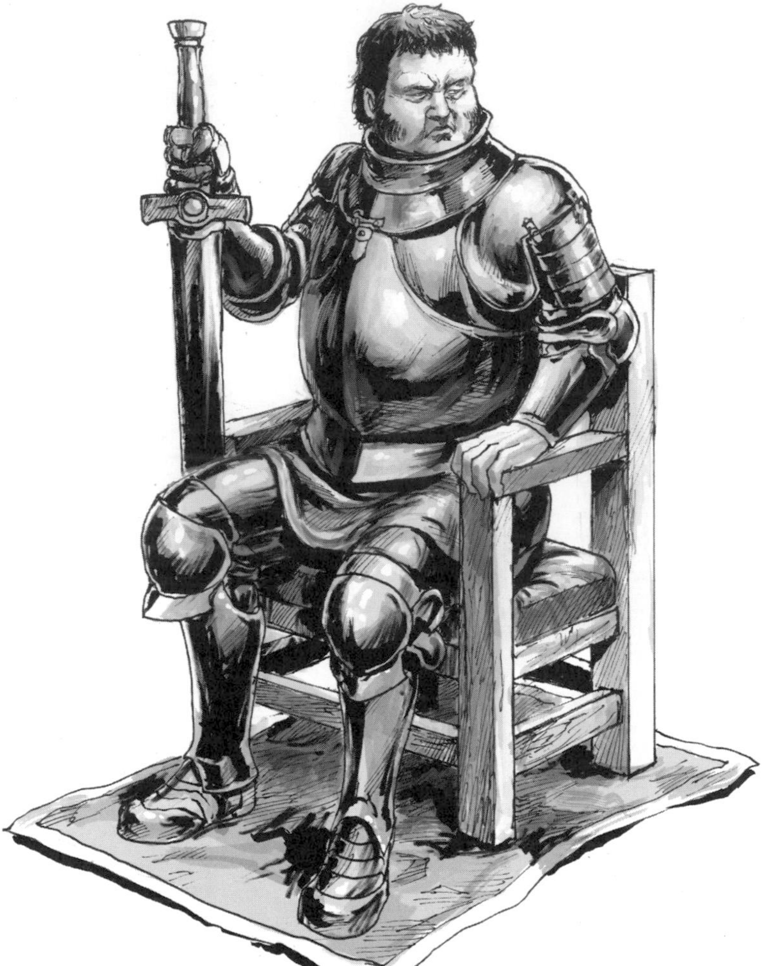

【人名】貝特朗・杜・蓋克蘭
【拼法】Bertrand du Guesclin
【生卒年】1320-1380
【活躍國家】法蘭西

貝特朗．杜．蓋克蘭是十四世紀的法蘭西騎士與軍人。他服侍法王查理五世（Charles V），並在英法百年戰爭中為居於劣勢的法蘭西挽回戰局。他是個與優雅騎士形象相去甚遠的粗人，就連容貌都被批評是「穿著盔甲的豬」，不過臂力與指揮能力皆超群出眾。

布列塔尼的火爆小子

貝特朗．杜．蓋克蘭在一三二〇年生於法蘭西西北部的布列塔尼，是下級貴族的兒子。其貌不揚的他曾被吟遊詩人評為「當地最醜的孩子」，不過他的體格極佳，也很有人望。蓋克蘭從小就是個火爆小子，年紀稍大之後就跑去參加馬上長槍比武。他趁年輕時累積軍人的資歷，不久就受到法王查理五世的重用。

一三六六年，查理五世命蓋克蘭遠征卡斯提亞（今西班牙）。這場戰爭起因於卡斯提亞的王位問題，法蘭西與英格蘭分別擁立不同的繼承者而爆發爭鬥。不過這趟遠征還有另一項目的，就是將聚集在法蘭西國內的傭兵們趕出國外。

蓋克蘭的肖像畫。1894 年，法國畫家阿爾馮斯．德．努維爾（Alphonse de Neuville）繪。

每逢戰事諸侯就會花錢集結傭兵上場作戰，但是打完仗後他們無從謀生，因此時常襲擊附近的居民。想要解決這些無賴，最快的方法就是給他們下一份工作。而粗人蓋克蘭正好適合擔任他們的統帥。

蓋克蘭率領的軍隊勢如破竹履傳捷報，短短三個月就占領卡斯提亞的首都，成功讓法蘭西支持的安立奎二世（Enrique II）即位。

之後蓋克蘭也參與了數場戰爭，終於在一三七〇年被任命為法軍元帥。

蓋克蘭一生中屢次遭到英格蘭俘虜。對於那些質疑查理五世是否願意不惜支付天價贖金也要救他的人，蓋克蘭一向心平靜氣地如此回答：「在法蘭西應該找不到不肯出錢救我的人吧！」這句話充分展現出蓋克蘭很受法蘭西人愛戴的事實，以及藉軍事能力飛黃騰達的他所具備的自尊心。

智將蓋克蘭與騎士時代的終結

當時的法軍是由各地貴族帶來的士兵組成的雜牌軍，因此經常不聽指揮爭先突擊敵軍。蓋克蘭則是當中的智將型人物，他避開風險較高的大會戰，接連利用奇襲、急襲、圍攻等方式穩健地提高成果。他在思想上仍保有重視名譽之類的騎士精神，不過在戰術方面他向來採取合理的思考方式。

巴黎聖德尼聖殿（Basilica of St Denis）現存的蓋克蘭石棺。

蓋克蘭直到三十四歲時才終於受封為騎士。大部分的人都是受勳後才開始累積經歷，他則是早已建立多項功績才補封勳位。從這一點以及他的戰術皆可看出「戰爭不見得需要（正式的）騎士」的時代潮流。

一三八〇年，蓋克蘭在圍攻戰中因病去世。他的棺木至今仍安置在法國王室陵墓的隔壁。

歐洲的爵位

歐洲的爵位，基本上是賜給實質管理特定土地者的稱號。而繼承父母的爵位，也等於接收附屬於爵位的領土統治權。

因此，無論是爵位轉移到其他家系，或是一名貴族擁有數個爵位（領地）都不足為奇。

爵位的種類

代表爵位的單字大多源自古代的官職。官職隨著世襲化演變成代表特定土地的領主稱號，而官職的差別則用來區分爵位的等級。

以下從最高等級開始依序說明常見的五種爵位。

・公爵（Duke）

源自古羅馬帝國時代的地方司令官稱號。給各地氏族的族長乃至王子使用。

・侯爵（Marquess）

源自為防衛國境周邊所設置的武將官名。因此「Marquess」這個單字，有時會視國家翻譯成邊境伯爵。之後地位就固定為公爵以下、伯爵以上。

・伯爵（Count）

地方行政官世襲化的產物。指一般的地方領主。

・子爵（Viscount）

隱含「副伯爵」之意，比伯爵低一個位階。

・男爵（Baron）

原本在爵位裡是指普通領主，最後定位為最下級的貴族爵位。

日本的爵位

日本在明治時代以後，也設立了賜給華族（舊公卿、諸侯、對國家有功者所屬的特殊階層，為世襲制）的爵位。只不過這是針對特定家世的名譽稱號，跟土地無關。

英法百年戰爭的「正義之人」

利舒蒙元帥

【人名】亞瑟・德・利舒蒙
【拼法】Arthur de Richemont
【生卒年】1393-1458
【活躍國家】法蘭西

利舒蒙元帥——亞瑟・德・利舒蒙是十五世紀法蘭西的貴族與軍人，活躍於英法百年戰爭後期，並將多年的戰爭導向結束。他和貞德也是並肩作戰的戰友。

英法百年戰爭

這場英格蘭與法蘭西之間的戰爭始於愛德華三世時代，之後二國仍斷斷續續地交戰。促使戰爭長期化的原因之一，是當時的法蘭西尚未具備如同現代的「國家」體制。各地貴族雖然對法王效忠，但他們幾乎都是獨立統治領土，而國王也並非在任何方面都能展現強權作風。

此外，位在今法國西北部的布列塔尼公國以及東部的勃艮第公國，則是不隸屬於法蘭西的獨立勢力。二國為避免遭到鄰近的法蘭西吞併，常與法蘭西的敵人英格蘭結盟。尤其面向英吉利海峽的布列塔尼正處於英法二國之間，公國的動向大大左右戰爭的走勢。

利舒蒙的肖像。推測為 16 或 17 世紀的作品。

利舒蒙就誕生在統治布列塔尼的公爵家。布列塔尼公爵常會獲得「利舒蒙伯爵」的稱號（在當時貴族擁有數個稱號是很尋常的情況），他的稱謂就是來自繼承的稱號。利舒蒙為英格蘭中部「里奇蒙（Richmond）」的法語讀法，由此亦可看出布列塔尼與英格蘭關係十分親近。

布列塔尼公爵之子成為法軍大元帥

利舒蒙誕生於一三九三年，為布列塔尼公爵約翰四世（Jean IV）的次男。父親在他還小時就去世了，母親珍妮（Jeanne）則與英格蘭國王亨利四世再婚離開布列塔尼。因此，利舒蒙是在勃艮第的宮廷裡長大的。

利舒蒙第一次上戰場是在十二歲的時候，二十歲時受封為騎士。儘管出身於布列塔尼，但他總是盡可能站在法王這邊行動。一四一五年爆發阿金庫爾戰役（Battle of Agincourt）時，利舒蒙代表法蘭西出征，卻遭到俘虜。這場戰爭是法蘭西歷史上的一大敗仗，陣亡的法蘭西貴族多達三千人以上。

阿金庫爾戰役。15 世紀的畫作。

之後利舒蒙被帶往倫敦，受到亨利五世（亨利四世之子）的監視。有一說指當時在英法廣為流傳的亞瑟王傳奇中，曾提到「名為亞瑟的布列塔尼人將征服英格蘭」，而利舒蒙的名字正好就是亞瑟，使得亨利五世對利舒蒙相當戒備。由於亨利五世將利舒蒙的母親珍妮（亦為亨利五世的繼母）當成人質對待，使得他不敢輕舉妄動。

亨利五世死後，利舒蒙總算擺脫長達五年的監視生活，回國後他在國王查理七世（Charles VII）的繼母推舉下，獲得了法軍大元帥的地位。

與貞德唯一一次的並肩作戰

利舒蒙當上元帥後仍不改有話直說的個性，查理七世與阿諛奉承的官僚們都對他很頭痛。

這段期間，「聖女」貞德出現在陷入困境的法軍面前。不過，貞德鼓舞士兵擊敗英軍時，利舒蒙正忙於宮廷事務而沒能參與戰事。

後來利舒蒙終於按捺不住，在未徵得查理七世的許可下率軍出征，繼而見到了貞德。貞德也很信賴篤實的利舒蒙，答應在他的指揮下行動。帕提戰役（Battle of Patay）是法軍初次打贏的野戰，亦是利舒蒙與貞德唯一一次的並肩作戰。

之後貞德依舊帶領士兵奮勇進擊，可惜最後卻遭到英格蘭逮捕而走向殉教的悲劇結局。這段期間，利舒蒙則是一直與巴結查理七世、中飽私囊的官僚托雷莫尤（La Trémoïlle）進行毫無成果的爭鬥。一四三二年，利舒蒙偷襲托雷莫尤將他逐出宮廷，這才終於確立他在宮廷裡的實權。

與英格蘭軍隊戰鬥的貞德。19 世紀後半葉，法國畫家朱爾烏貞・露恩瓦（Jules Eugène Lenepveu）繪。

軍制改革與百年戰爭的結束

在中古時期，基本上軍隊的收入是靠劫掠征服的土地來賺取的。此外，付不出薪水給傭兵的情況也很常見，因此打劫的權利可說是付給士兵的報酬。利舒蒙很厭惡這種作法，成為大元帥後他就禁止麾下武將劫掠，但是成效不彰。

於是利舒蒙便創立常備軍，以稅金取代劫掠來經營軍隊。這種作法不僅可使治安好轉，亦可常保士兵的素質。

除此之外，利舒蒙除了禁止劫掠，也很積極取締令人民相當困擾的盜賊。不管罪犯是何種身分他都不會寬恕，因而得到「正義之人」的稱呼。

利舒蒙認為法蘭西若想戰勝英格蘭，就得把諸侯集合起來，以國王為中心團結合作才行。於是他說服哥哥布列塔尼公爵加入查理七世的陣營，並促成勃艮第公爵菲利浦三世（Philippe III）與查理七世和解。至此查理七世終於信任利舒蒙了。

一四五〇年的佛米尼戰役（Battle of Formigny）是英法之間最後的大戰。利舒蒙擊敗英格蘭大軍，幾乎收回整個法蘭西的主權。長達百年的戰爭就此落幕。

「法國」的完成

由於過世的姪子布列塔尼公爵沒有子嗣，利舒蒙於六十四歲時繼承布列塔尼公爵的稱號，更名為亞瑟三世（Arthur III）。一四五八年去世。

貞德在百年戰爭中僅活動短短二年的時間。儘管奇蹟少女帶來的勝利意義十分重大，但緊接著帶給法蘭西最後的勝利之人卻是利舒蒙。此外，現今所指的「法國」，其國家意識是透過百年戰爭建立起來的，而主導者同樣是利舒蒙。

英國與英格蘭的關係

在全球性的運動大會上看到「英格蘭」、「蘇格蘭」等國家參賽時，各位是否曾感到納悶呢？它們都是英國的一部分，但卻是不同的國家。

在此簡單說明有點複雜的英國結構與成立經過。

順帶一提，日本稱英國為「英吉利（Igirisu）」，這個稱呼是江戶時代從葡萄牙語「Inglez」或荷蘭語「Engelsch」訛轉而來。

英國其實是「聯合」王國

英國的正式名稱為「大不列顛與北愛爾蘭聯合王國」，是由英格蘭、蘇格蘭、威爾斯、北愛爾蘭這四個國家合組而成。

一座島上有三個國家

大不列顛島上原本分布的是塞爾特人，西元前一世紀左右開始羅馬人、盎格魯撒克遜人相繼入侵這座島。英格蘭就是盎格魯撒克遜人建立的國家，塞爾特人則逃到島的北方與西方，建立蘇格蘭與威爾斯二國。

與英格蘭合併

英格蘭於一二八二年征服威爾斯，一五三六年威爾斯併入英格蘭。

後來一六〇三年英格蘭國王兼任蘇格蘭國王，二國便於一七〇七年正式合併。

再加上愛爾蘭

位在大不列顛島旁邊的愛爾蘭原本是獨立的國家，後來在一八〇一年與英國合併。

到了一九二二年，三十二郡當中的南部二十六郡獨立為愛爾蘭共和國。因此目前僅剩北愛爾蘭還留在聯合王國裡。

墮落的救國英雄

吉爾·德·萊斯

【人名】吉爾・德・萊斯
【拼法】Gilles de Rais
【生卒年】1404-1440
【活躍國家】法蘭西

吉爾・德・萊斯是十五世紀曾在英法百年戰爭中與貞德並肩作戰的法蘭西貴族與軍人，同時也是因殘殺數百名美少年而遭到處決的罪犯。亦有一說貴族接連殺害各任妻子的童話故事《藍鬍子》就是參考後者的逸聞。

法蘭西第一富豪

吉爾・德・萊斯於一四〇四年在法蘭西中部的尚托塞（Champtocé）出生。父親蓋伊二世・德・拉瓦爾（Guy II de Laval）是法蘭西大貴族，母親瑪麗（Marie）也是出身自領土廣大的豪族，吉爾天生就擁有龐大財產的繼承權。而雙親在他還小時就相繼去世了。

雙親去世後，收養他的是外公約翰・德・克蘭（Jean de Craon）。約翰是個粗暴又極富野心的人物，他並未對吉爾施予像樣的教育，只顧著擴大自己的領地。約翰盯上沒有繼承者的萊斯家，利用花言巧語說服女主人答應由外孫吉爾成為萊斯家的繼承人。

吉爾・德・萊斯的肖像畫。1835 年，法國畫家艾洛伊・方明・費隆（Éloi Firmin Féron）繪。

就這樣，吉爾得到了拉瓦爾家、克蘭家以及萊斯家的領地。據說土地面積甚至比法王的直轄領地還要大。

吉爾長大後，約翰更嘗試透過政治聯姻的方式來增加領土。當時接連發生新娘人選在婚姻成立前就去世的事件，因此有人認為這是藍鬍子傳說的原型。最後吉爾和親戚凱瑟琳（Catherine）結婚，但雙方感情始終冰冷不睦。

查理七世的加冕儀式。吉爾・德・萊斯也出席典禮。圖片來自巴黎先賢祠的壁畫。

貞德的盟友

始於一三三七年的英法百年戰爭，在進入十五世紀後二國仍斷斷續續交戰。吉爾長大後就以大貴族的家主身分率兵出征。

同一時期「聖女」貞德也在法蘭西現身。吉爾身為實力雄厚的武將之一，與貞德一起對抗英格蘭軍隊。見到理應不懂作戰的少女鼓舞士兵並攻下數座堡壘後，吉爾深受貞德的吸引而積極協助她。

有貞德加入的法軍奪回了奧爾良（Orléans，今法國中部城市），開通前往漢斯（Reims，歷代法蘭西國王舉行加冕儀式的地方）的道路。之後查理王子舉行加冕儀式，正式登基成為法王查理七世，同時吉爾也晉升為法軍元帥，人們稱他為救國英雄。

但在查理七世即位後，極力主張以武力逼退英格蘭的鷹派武將們，與希望跟英格蘭交涉的查理七世及官僚之間產生了摩擦。前者以貞德為首，她在未經查理七世許可的情況下出擊卻遭到逮捕，最後被當成魔女處決，悲慘地死去。

至於吉爾則失去了有力的後盾。吉爾的表兄弟托雷莫尤為查理七世的親信，長年掌控宮廷，不過他的權力也漸漸衰退，最後遭到利舒蒙元帥（➡一百六十二頁）等人放逐。這件事使吉爾失去在宮廷裡的地位。

殘殺少年、召喚惡魔，接著死亡

吉爾在審判中自述，他是在外公約翰死後才開始殺害少年的。他從少年時代就常仿效一些殘忍行徑，令約翰十分頭痛。自從隱居在自己的領地後便染上惡習，把鄰鎮的美少年帶回家以殘虐的方式殺害。被害者據說高達數百人。

後世對於吉爾這種脫離常軌的行動有諸多解釋。比方說，他是要揮別孤獨的少年時代，或是重現聖經裡的諸聖嬰孩殉道（畏懼耶穌誕生的猶太統治者大希律王〔Herod the Great〕下令殺害所有二歲以下的嬰兒）等等，不過真相如今已不得而知。吉爾雖然對男色有興趣，但是就武人而言這並非罕見的情況。

此外，吉爾也相當鋪張浪費。身為法蘭西第一領主的他本來擁有龐大的收入，沒想到最後卻得變賣財寶、領地甚至城堡來籌錢。吉爾也接觸錬金術與召喚惡魔儀式，有人說他是想沉溺在怪力亂神的世界裡，並利用錬金術製造金錢以便還債。

遭到處決的吉爾・德・萊斯。作者不詳。1530 年左右繪製。

一四四〇年，吉爾遭到逮捕並接受審判。不過在這個時代，貴族殺害平民並不會被視為犯罪，把吉爾的殘暴行為公諸於世的情況可以算是特例。據說這場審判的真正目的，是要將吉爾的領土與財產全數沒入國庫。吉爾最後被判處死刑，由於他在死前懺悔自己的行為，人們便慎重地安葬他的遺體。

百年戰爭與聖女貞德

「聖女」貞德出現在英法百年戰爭的末期。她鼓舞居於劣勢的法軍，引導法蘭西獲得最後的勝利。

英法二國於一三三七年至一四五三年期間持續的戰爭統稱為百年戰爭，但其實各個時期出兵的原因都不太一樣。一三三七年英格蘭國王宣布開戰的原因是法蘭西妨礙英格蘭的羊毛貿易，此外也有英格蘭國王主張擁有法蘭西王位繼承權而進攻法蘭西的情況。

大致來說，戰爭前半期是英格蘭占有壓倒性的優勢。英格蘭的中心人物就是國王愛德華三世，以及海諾的菲莉帕（➡一百五十四頁）的長男黑王子愛德華。戰爭邁入十五世紀時，法蘭西有近半的領土都遭到占領。

貞德出現後不久所爆發的奧爾良戰役，顛覆了這個局勢。

貞德是農家之女，一四一二年出生於法蘭西東北部的東雷米村（Domrémy）。一四二九年，受到神啟的她前去謁見法王查理七世。

人們稱呼貞德為「La Pucelle」，翻譯成白話就是「少女」。不過在當時，這個稱呼只用來代表身分低微的女性，意思類似「女傭」。

總而言之，貞德拚了命地搖旗鼓舞士兵作戰。也因為她的努力，查理七世得以正式登基成為法蘭西國王，而法軍也總算將英軍趕出國外。

然而，貞德的存在長期遭到歷史學家遺忘。重新評價並宣揚她是法蘭西救世主的人，則是日後著名的拿破崙。

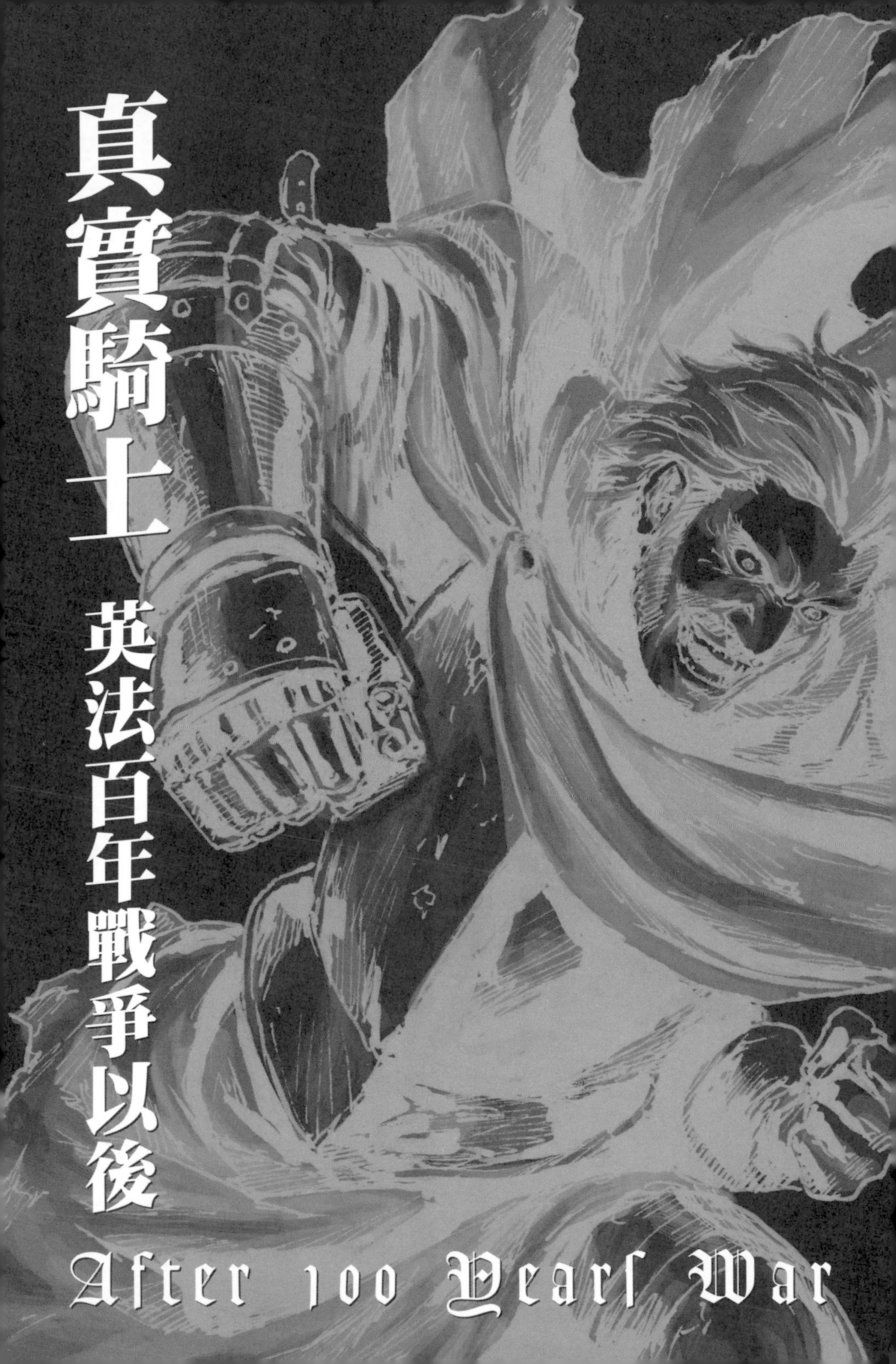
真實騎士
英法百年戰爭以後
After 100 Years War

英法百年戰爭以後的歷史

騎士時代的尾聲

身穿盔甲的騎士直到中古時期，都是戰場上的明星。

然而，隨著步兵密集陣法的普及、大砲與槍等火器的發達，騎士逐漸成為落伍的兵種。戰場的主角從少數的英雄轉變為大批的無名步兵。

另外，騎士同時也是地方領主，但在百年戰爭之後，國王的權力增強，領主的權限反而削弱了。騎士們只能選擇專心當個領主或是成為傭兵。

不過，騎士這個稱號並沒有消失。儘管變成貴族之下的社會階級代名詞，或是轉變成賜給有功者的名譽稱號，受封為騎士依舊是很光榮的事情。

騎士的戰場

本章主要介紹活躍於十五世紀以後的騎士。他們絕大多數與其說是戰士，不如說是以軍事指揮官、政治家、外交官等身分大放異彩的人物。

首先來確認他們的活動區域吧！

此外也一併解說基督教勢力與伊斯蘭教勢力對立的國際情勢、戰爭背景、政治鬥爭等情況。

德意志地區

德意志地區有許多被稱為「邦國」的小國家，神聖羅馬帝國在德意志與東歐擁有強大的權力。

一六一八年德意志爆發三十年戰爭。歐洲各國軍隊侵入德意志國內爭奪勢力，導致德意志國土荒廢、人口減半。

➡杰歐克・馮・佛倫茲貝克（一百八十六頁）、鐵手蓋茲（一百九十頁）、阿爾布雷赫特・馮・華倫斯坦（一百九十八頁）

英格蘭與法蘭西

英格蘭與法蘭西透過百年戰爭強化國王的權力，開啟絕對君主專制的時代，國內政治安定。

此外，包含英法二國在內的歐洲各國陸續前往印度、亞洲、美洲，獲得許多殖民地。西班牙雖是前進海外的先驅，英格蘭卻出乎意料地在無敵艦隊之役中擊破了西班牙海軍。

➡貝亞德（一百八十二頁）、法蘭西斯・德瑞克（一百九十四頁）、騎士迪昂（二百零四頁）

巴爾幹半島

一二九九年建立的伊斯蘭教國家鄂圖曼帝國（今土耳其）持續擴大，還企圖併吞巴爾幹半島的基督教國家。瓦拉幾亞（Wallachia，今羅馬尼亞）和塞爾維亞等國抵抗了一段時間，最後還是屈服於鄂圖曼帝國，成為朝貢國（以朝貢換取一定程度的自治）。

直到十七世紀以後鄂圖曼帝國勢力衰退，巴爾幹半島的國家才「回歸」基督教勢力。

➡穿刺公弗拉德（一百七十六頁）

公平又殘虐的君主

穿刺公弗拉德

【人名】弗拉德三世
【拼法】Vlad III
【生卒年】1431-1476
【活躍國家】羅馬尼亞

聽到「穿刺公弗拉德（Vlad Țepeș）」這個名字，大多數的人都會想到小說《德古拉》裡的吸血鬼。其實穿刺公弗拉德——亦即弗拉德三世，是真實存在的羅馬尼亞君主。

弗拉德的父親為神聖羅馬帝國皇帝設立的龍騎士團成員，人稱龍公（Dracul），德古拉（Dracula，意為「龍之子」）一詞就是源自於此。弗拉德本身也愛用這個稱呼。

另外，「Țepeș」則是「穿刺公」的意思，由於他總是毫不留情地對國內違法者與敵對的土耳其士兵處以穿刺之刑，才會得到這個別稱。

對抗穆斯林之戰的最前線

十五世紀，羅馬尼亞所在的巴爾幹半島為基督教徒與伊斯蘭教徒交戰的最前線。

穿刺公弗拉德的肖像畫。作者不詳。1560年左右繪製。

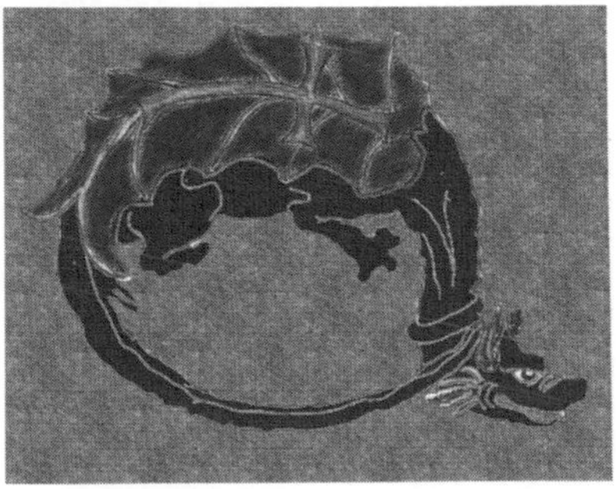
龍騎士團的紋章。

隸屬伊斯蘭教勢力、統治中東一帶的鄂圖曼帝國，於一四五三年攻陷拜占庭帝國的首都君士坦丁堡（今土耳其城市伊斯坦堡）。鄂圖曼帝國還想繼續擴張領土，統治伊斯坦堡北方巴爾幹半島上的基督教國家。然而基督教國家始終無法團結對抗，一再因為政治或宗教問題而對立。

位於巴爾幹半島北部的羅馬尼亞當時分為瓦拉幾亞、外西凡尼亞（Transylvania）、摩爾多瓦（Moldova，今摩爾多瓦共和國）三個國家。弗拉德則是瓦拉幾亞的君主。

血腥的絕對君主

弗拉德於一四三一年在外西凡尼亞出生，為弗拉德二世（龍公弗拉德）的兒子。瓦拉幾亞大公弗拉德二世拒絕向鄂圖曼帝國納貢（以一定數量的貢品換取自治），結果反遭攻打而戰敗，只好將兒子弗拉德、拉杜（Radu）這對兄弟送去鄂圖曼帝國當人質。諷刺的是，當時在鄂圖曼帝國學到的作法反而對弗拉德日後作戰有很大的幫助。

一四四七年，父親弗拉德二世與哥哥皆遭到殺害。據說兇手並非鄂圖曼帝國，而是位在瓦拉幾亞北方的大國——匈牙利的有力人士匈亞帝・亞諾斯（Hunyadi János）。敵人的敵人就是自己人，於是弗拉德在鄂圖曼帝國的支援下與亞諾斯交戰，一四五六年終於成為瓦拉幾亞大公，得到穩定的地位。

弗拉德成為瓦拉幾亞大公後，以大幅強化君主的權限為目標。當時羅馬尼亞的地主貴族（Boyar）勢力龐大，亦常因為貴族的派系鬥爭而更換君主。弗拉德推動中央集權化，在過程中處決大批地主貴族。據說遭處決的貴族加上其家族，總人數多達五百甚至二千人。

弗拉德對內採用嚴刑峻法，即使是小罪也毫不留情地處刑，因此國內治安極為良好。此外，弗拉德為了將國內的貧民與身心障礙者一掃而光，也把他們集中起來燒死。

弗拉德的處刑方式就跟他的別名一樣，用的是穿刺之刑。這種處刑方法在中古時期十分常見。他毫不留情地殺害違背君主與法律之人，不過其他君主也時常這麼做，並不是弗拉德特別殘虐。至於屠殺貧困階層，也是因為當時的人把流浪漢視同罪犯。

與鄂圖曼帝國之間的戰爭

當弗拉德繼位為瓦拉幾亞大公時，同意向鄂圖曼帝國進貢，不過等他確保國內的實權後便與鄂圖曼帝國決裂。

所有基督教國家都明白日漸擴張的鄂圖曼帝國的危險性，因此羅馬教宗請求各國派遣軍隊協助對抗。教宗特別仰賴的就是大國匈牙利。然而匈牙利國王最後並沒有出兵，致使弗拉德面臨得獨自對抗鄂圖曼帝國的困境。

執行穿刺之刑的弗拉德。圖片來自 1499 年，馬克思・艾拉（Markus Ayrer）在德意志南部紐倫堡發行的小冊子。

一四六一年，鄂圖曼帝國與弗拉德爆發第一次衝突。鄂圖曼帝國皇帝穆罕默德二世（Mehmed II）要求弗拉德繼續朝貢，並解除與匈牙利的結盟關係，結果弗拉德穿刺使者，拒絕他們的要求；並攻擊鄂圖曼帝國領地，造成該國極大的損害。

穆罕默德二世為了報復弗拉德，於翌年一四六二年親自率領鄂圖曼帝國軍隊入侵瓦拉幾亞領土。面對鄂圖曼帝國六萬以上的大軍，弗拉德動員國內所有成年男子，但兵數也只有二萬至二萬五千人，

會見鄂圖曼帝國使者的弗拉德。19 世紀，羅馬尼亞畫家特歐朵・阿曼（Theodor Aman）繪。

而且大多數還是沒受過什麼訓練的農兵。不過，他們都很清楚這場戰爭攸關祖國的命運。

面對鄂圖曼軍隊壓倒性的兵力，弗拉德實施徹底的堅壁清野戰術對抗。事先讓居民避難，然後燒毀城鎮破壞水井，不讓鄂圖曼軍隊有機會搶奪瓦拉幾亞的糧食。瓦拉幾亞軍隊再斷斷續續對飽受飢餓之苦的鄂圖曼軍隊發動奇襲，一步步削減對方的兵力。還曾派精銳夜襲穆罕默德二世所在的軍營，造成莫大的損害。不過另有一說當時他們弄錯帳篷，所以最後沒能殺掉穆罕默德二世。

此外，弗拉德還將二萬名遭穿刺的鄂圖曼士兵，豎立在瓦拉幾亞的首都特爾戈維什特（Targovishte）附近，猶如一片森林。如此慘絕人寰的「秀」徹底擊潰鄂圖曼軍隊的戰意，嚇得他們立刻撤退。

失勢與死亡

穆罕默德二世遠征失敗後，轉而利用弗拉德的弟弟拉杜三世來控制瓦拉幾亞。受鄂圖曼帝國援助的拉杜三世在怨恨弗拉德的地主貴族們擁立下舉旗造反，弗拉德因而被趕下瓦拉幾亞大公的寶座，不得不逃亡至匈牙利。

沒想到匈牙利國王馬加修一世（Matthias I）卻逮捕、幽禁戰勝鄂圖曼帝國的英雄弗拉德。一般認為原因在於匈牙利無意與鄂圖曼帝國正面對決，不過詳情如何並不清楚。此外，馬加修一世為了合理化自己的行動，還刻意宣傳弗拉德的殘虐。「殘虐之王德古拉」的形象能夠流傳至今，大多要拜當時的宣傳所賜。

在長達十二年的幽禁後，弗拉德恢復瓦拉幾亞大公的地位，但是短短幾個月後就在對抗鄂圖曼帝國的戰鬥中遭到暗殺。據推測，兇手可能是瓦拉幾亞的地主貴族們。

後來的弗拉德與羅馬尼亞

弗拉德雖然一度戰勝了鄂圖曼帝國，但從歷史的演進來看，那場戰爭不過是小小的反抗罷了。最後羅馬尼亞的各個公國都把鄂圖曼帝國視為宗主國，直到十七世紀以後，鄂圖曼帝國進入衰退期才「回歸」基督教勢力。之後巴爾幹半島仍因為複雜的歷史與民族結構，而在二十世紀被稱為歐洲火藥庫，並成為第一次世界大戰的導火線。

鄂圖曼帝國皇帝穆罕默德二世。15 世紀末，土耳其畫家希南（Sinan Bey）繪。

此外，十九世紀末英國作家布蘭・史托克（Bram Stoker）在小說裡將弗拉德塑造成吸血鬼。東歐雖然有吸血鬼的民間故事，想當然耳都與弗拉德沒有關聯，是史托克將二者結合在一起了。

另一方面，弗拉德雖以殘虐君主形象深植人心，但近年來重新獲得評價，成了為羅馬尼亞而戰的英雄。

無畏無瑕的騎士

貝亞德

【人名】皮耶爾・杜・特萊悠
【拼法】Pierre du Terrail
【生卒年】1476-1524
【活躍國家】法國

本名皮耶爾・杜・特萊悠的貝亞德（Bayard），是在十五世紀後半葉至十六世紀前半葉服侍三代法國國王的騎士。因功勳眾多且人格高尚而被視為理想的騎士，有「無畏無瑕的騎士」、「善騎士」之稱。貝亞德是他位在法國東南部的領地名，這個稱呼比本名還要常用。

以少數兵力擊破大軍

貝亞德於一四七六年出生在法國東南部的貝亞德城。他在薩瓦公爵（Savoy）身邊擔任童僕，一四九四年跟著法王查理八世（Charles VIII）參加義大利戰爭後就受封為騎士。

位在法國東南部城市格勒諾博（Grenoble）的貝亞德銅像。

貝亞德立下不少功勳，當中有名的就屬加利格里亞諾橋攻防戰（Battle of Garigliano）。一五〇三年，法國軍隊與西班牙軍隊隔著義大利中部那不勒斯（Napoli）近郊的加利格里亞諾河互相觀望。起初局勢是法軍比較有利，後來西班牙軍隊偷偷調度建材打造船隻，接著渡河發動奇襲。這出其不意的攻擊逼得法軍不得已撤軍，棄守加利格里亞諾橋。據說當時貝亞德獨自抵抗湧入加利格里亞諾橋的二百名西班牙士兵，為同伴爭取撤退的時間。

另一場有名的戰役則是一五二一年的梅濟耶爾戰役（Siege of Mézières）。法國北部的梅濟耶爾居民害怕神聖羅馬帝國軍隊的進擊而躲進堡壘裡，但是梅濟耶爾的堡壘裡只有貝亞德等一千名士兵。最後堡壘遭到帝國軍隊三萬五千人包圍，遭受長達六週的猛烈攻擊。

這時貝亞德想到一個點子，他寫信給法王法蘭索瓦一世（François）說：「堡壘裡糧食充足士氣高昂，不需要援軍。」並故意讓帝國軍隊搶走信件。帝國軍隊看到這封假信後戰意大減，最後解除包圍網撤退了。此後人們便讚譽貝亞德為拯救法國免受侵略的英雄。

貝亞德之死。作者不詳，1839 年的畫作。

一五二四年，貝亞德在與西班牙軍隊交戰時中彈身亡。

無與倫比的騎士

在當時的戰爭，俘虜敵方騎士賺取贖金是一種慣例。貝亞德也被俘虜了好幾次，其中有二次對方沒收贖金就釋放了他。原因在於連其他國家都知道他是騎士精神的典範。貝亞德首重騎士的名譽，戰勝後對敵人採取寬容的態度，對窮人也很體貼。連法王法蘭索瓦一世都希望當代最傑出的騎士貝亞德能為自己授勳。

除了這些英勇與浪漫的英雄事蹟外，貝亞德還是個優秀的戰術家、戰略家，十分重視偵察與諜報。不過，他卻很反對使用重要性與日俱增的步兵和火器。

歐洲的劍術宗師

日本有許多開創劍術流派的武士，如柳生一族或宮本武藏。同樣的，中古時期歐洲亦有培育出不少騎士的劍術宗師。

劍術宗師約翰尼斯・里西特納爾

約翰尼斯・里西特納爾（Johannes Liechtenauer）於十四世紀中葉在德意志中部的里希特納（Lichtenau）出生，不過後人並不清楚他的生平。只能從約翰尼斯的徒弟留下的手稿，得知他是德國劍術的創始者。

約翰尼斯・里西特納爾的肖像。

約翰尼斯的教諭如下：

年輕的騎士啊，學習愛神，尊敬貴婦。

在約翰尼斯生存的時代，騎士精神早已不復流行，不過這段教諭仍充滿了騎士精神。

德國劍術的創始者

戰場上的騎士除了劍術外，也都修習過長槍與徒手搏鬥等主要技巧。

約翰尼斯創立的德國劍術基本上為雙手持長劍攻擊，不過當中還有使用短劍或未穿戴盔甲時的戰法，以及因應騎馬等各種戰鬥情況的技術。

約翰尼斯的劍術理論刻意用難懂的詞彙記載，唯有高段者才能理解內容。一般認為這是用來防止初學者濫用的措施。

德國劍術的標準架勢。圖片來自1452年的手稿。

德意志傭兵之父

杰歐克·馮·佛倫茲貝克

【人名】杰歐克・馮・佛倫茲貝克
【拼法】Georg von Frundsberg
【生卒年】1473-1528
【活躍國家】德意志

杰歐克・馮・佛倫茲貝克是十六世紀的德意志軍人與傭兵隊長。因為奉神聖羅馬帝國皇帝的命令組織傭兵，再加上人格高尚，而有「德意志傭兵之父」的美譽。

德意志傭兵的崛起

中古時期至近代，戰爭的主角逐漸從騎士變成步兵。效忠國王的貴族不會帶著家臣參戰，而是僱用傭兵投入當次的戰役。因此戰術也配合這點，從騎兵的突進攻擊轉變為運用長槍步兵的密集陣法。

其中「國土傭僕（Landsknecht）」是十五世紀至十七世紀席捲歐洲的南德傭兵。這支由德意志人組成的傭兵軍隊，起初是做為神聖羅馬帝國皇帝馬克西米利安一世（Maximilian I）手下的部隊，後來除了神聖羅馬帝國之外也為各國所利用。

佛倫茲貝克的肖像。圖片來自 1854 年，德意志作家拉迪克・貝齊休坦（Ludwig Bechstein）的著作。

他們的特色是不為國家或領主效忠，僅透過金錢契約各別為雇主做事。無法在故鄉謀生的人們便參與募兵，與傭兵隊長簽下契約成為國土傭僕。

傭兵隊長運用自己的權限招募傭兵，再依照資助者的命令戰鬥。隊長多為沒落騎士或是貴族轉職者。想要統領這群野蠻的男人，除了資金外也需要相當的權勢威望。

奇特的裝扮也是國土傭僕的特色之一。16 世紀，荷蘭畫家亞科布・德・海恩（Jacob de Gheyn）繪。

公正的國土傭僕之父

一四七三年，佛倫茲貝克出生在德意志南部明德爾海姆（Mindelheim，今巴伐利亞地區）的小貴族家庭。非長男的他後來成為軍人，由神聖羅馬帝國皇帝馬克西米利安一世冊封為騎士。接著奉馬克西米利安一世的命令，參與創設國土傭僕部隊的事宜，最後成為傭兵隊長的隊長。

國土傭僕的報酬會隨契約對象改變，與敵國國王簽約對抗同國人的情況也是家常便飯。不過，佛倫茲貝克的契約對象一直都是哈布斯堡家族（House of Habsburg）與神聖羅馬帝國。他的出身是使他終生效忠帝國的原因。

身為傭兵隊長的佛倫茲貝克向來公明正大，不會侵吞士兵的酬勞或是收賄。而且他勇猛但不魯莽，不會隨便讓士兵的生命暴露在危險之中，若戰況不利他也不惜撤退。士兵們都很仰慕佛倫茲貝克，讚譽他為「國土傭僕之父」。

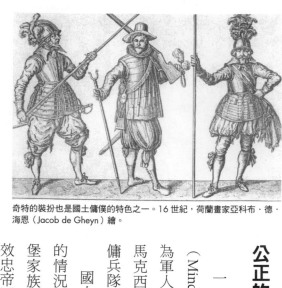

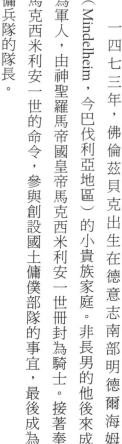

帕維亞戰役

一五二五年，佛倫茲貝克奉皇帝卡爾五世（Karl V，馬克西米利安一世之孫）的命令，與法王法蘭索瓦一世的軍隊作戰。當時，神聖羅馬帝國與法國可說是宿敵的關係。

決定這場帕維亞戰役（Battle of Pavia）走勢的，即是佛倫茲貝克率領的國土傭僕部隊所持有的火繩槍。起初法軍利用地形占了優勢，後來國土傭僕部隊的火繩槍方陣助帝國軍隊逐漸扭轉局勢，一千五百把火繩槍將法國士兵打得體無完膚。由此可見，佛倫茲貝克是位有先見之明的指揮官，懂得大量引進火器運用在戰爭上。

不僅如此，佛倫茲貝克還在這場戰役中俘虜了法蘭索瓦一世，立下大功勞。

羅馬之劫

一五二七年，佛倫茲貝克與國土傭僕部隊出征至羅馬。傭兵部隊千辛萬苦地在隆冬中翻越天寒地凍的阿爾卑斯山，然而皇帝卻一再延遲支付報酬。當他們越過阿爾卑斯進入義大利時，士兵們只收到半個月份的軍餉。

心生不滿的士兵們團結起來，強調：「再不給酬勞就不踏進羅馬一步！」佛倫茲貝克拚命說服士兵們，沒想到卻在爭執期間中風倒下。

寬容的「父親」病倒一事令士兵們心生動搖，但他們隨即就高喊：「羅馬有錢！」不顧佛倫茲貝克的勸阻擅自突擊羅馬。羅馬在八天內遭到失控的國土傭僕徹底劫掠，女人小孩也慘遭無情殺害，河川上滿是屍體。甚至連教宗所在的梵蒂岡也遭到襲擊。

佛倫茲貝克沒能阻止部下的野蠻行徑，沮喪地回到故鄉德意志，第二年就去世了。不過他所培育的國土傭僕，在往後的一段時間裡仍是戰場上的主角。

擁有鐵手的盜賊騎士

鐵手蓋茲

【人名】蓋茲・馮・貝爾利希傑
【拼法】Gottfried von Berlichingen
【生卒年】1480-1562
【活躍國家】德意志

有「鐵手蓋茲（Götz of the Iron Hand）」之稱的蓋茲（哥德福瑞德）·馮·貝爾利希傑是生於十六世紀的德意志騎士。蓋茲年輕時在戰爭中失去了右手，但裝上鋼鐵義手後仍繼續作戰，因而得到這個稱呼。

私鬥生意

蓋茲生在騎士地位低落、傭兵崛起的時代。而且在經濟發展中，像騎士階級這類小貴族還被排除在社會主流之外。

蓋茲的肖像。19世紀的畫家艾米爾·歐根·薩克斯（Emil Eugen Sachse）繪。

不少經濟困頓的騎士轉而當傭兵維持生計，部分執著於封建領主身分的人則利用私鬥（Fehde）賺取收入。私鬥本指中古時期德意志豪族擁有的自力救濟權，比方說發生領地邊界糾紛時雙方可用武力解決問題。結果沒落的騎士濫用這一點，以「自己的權利遭受侵害」為由找商人或大貴族麻煩，利用私鬥索討和解金。只要成功次數一多就能獲得可觀的收入。

不過，把私鬥橫行的原因全歸咎於窮困或許並不恰當。這些落魄騎士們亦是想在戰鬥中尋求自己的存在理由，藉此展現出戰士的志氣。

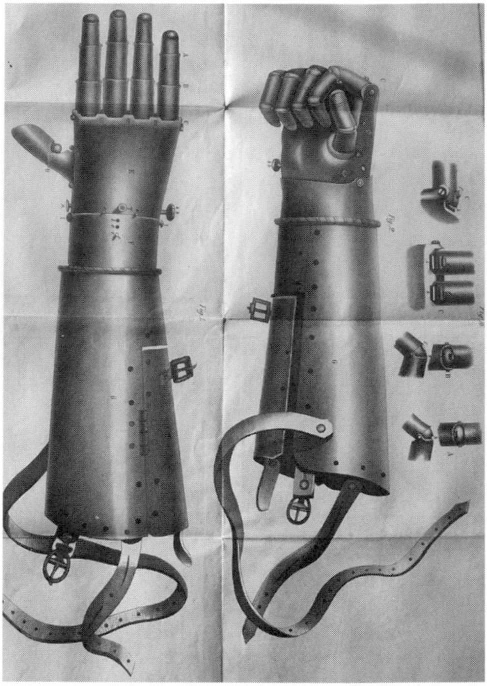

圖解蓋茲的義手。

鐵手騎士

一四八〇年。蓋茲出生在騎士階級的家庭裡。父親是很穩重的人物，但蓋茲從小就是個不愛讀書的火爆小子。長大後便與親戚和同伴們熱衷於私鬥。

蓋茲不光是勒索賠償金與贖金，還挑釁大城市紐倫堡或班堡（Bamberg，德國東南部的城市）的主教等大人物。不過，這種勾當並非每次都能順利無礙。他曾二度收到帝國放逐令（沒收財產與喪失法律保護）和被教會趕出去，然而除刑後他又不怕死地重操舊業。只不過，私鬥的取締一年比一年嚴格，最後蓋茲也被逼得發誓不再從事私鬥生意。

一五〇四年蓋茲跟著伯父從軍，在戰場上失去了右手掌。根據自傳裡的描述，當時長管砲擊中蓋茲的劍柄，結果斷裂飛散的劍柄就從鎧甲的縫隙刺進手臂。

蓋茲所受的傷，對戰士而言堪稱致命傷，不過之後蓋茲仍裝上義手繼續從事私鬥生意。以當時的技術來說他的義手極為精巧，五根手指皆可隨意用左手彎曲固定成需要的手勢，只要按下按鈕，彈簧就會讓手指恢復原樣。目前這隻義手仍放在蓋茲的居城荷倫堡城（Hornberg Castle）裡展示。

德意志農民戰爭

一五二四年至翌年，德意志發生大規模的農民起義事件。處於貴族階級的蓋茲本該遭到農民們怨恨，沒想到他卻被大家拱出來當農民軍的指揮官。蓋茲與農民一同轉戰各地，然而戰況越來越不利，最後他便以「已經過了說好的期限」為由離開戰場。

不用說，農民起義事件遭到鎮壓後，蓋茲的立場變得極為難堪，還在牢裡過了幾年的生活。

德意志英雄蓋茲

蓋茲因為血氣方剛、不重形象且熱衷私鬥而被揶揄是盜賊騎士，不過他在德國至今仍是相當受歡迎的英雄之一。最大的原因在於大作家歌德（Goethe）的處女作《鐵手蓋茲》正是以他為題材。只不過作品裡的主角是基於落伍的騎士美學成為農民戰爭的首領，最後高喊：「自由！自由！」而死，與史實中的蓋茲有些不同。

現實世界中的蓋茲曾因私鬥失敗反而得付贖金給對方，不過私鬥生意的盈餘相當可觀，他不僅擴增領地，還運用財產做起借貸生意。

即使上了年紀蓋茲仍舊喜好打鬥，出獄後不顧自己已年過六十還跑去參加土耳其戰爭與法國戰爭。只不過，二次都在前線染上鼠疫或痢疾而沒有餘力拿劍作戰。一五六二年，年過八十的蓋茲壽滿天年。

女王陛下的海盜

法蘭西斯·德瑞克

【人名】法蘭西斯·德瑞克
【拼法】Francis Drake
【生卒年】1543-1596
【活躍國家】英格蘭

十六世紀至十七世紀，歐洲最強的國家是西班牙，他們以強而有力的海軍為後盾，被譽為「日不落帝國」。而擊破西班牙引以為傲的無敵艦隊之人，則是英格蘭的海盜及海軍提督——法蘭西斯・德瑞克。此外，他還完成環繞世界一周的壯舉，為英格蘭及女王伊莉莎白一世帶來龐大的財富。

成為水手的牧師之子

一五四三年，德瑞克出生在英格蘭西南部的德文郡（Devon）。德瑞克家並不富裕，父親愛德蒙在海軍造船廠擔任牧師，為軍艦上的海軍們服務。德瑞克從小就聽周遭大人們講述航海與外國港口的趣事，十歲之後他便上船成為實習生。

長大後，他加入奴隸販子約翰・霍金斯（John Hawkins）的船團前往新大陸（美洲）。某次航行時，船團向西班牙殖民地索討糧食，結果反被西班牙海軍攻擊敗走，德瑞克也勉強保住一命返回英格蘭。這個經歷使德瑞克對西班牙抱持著強烈的復仇心。

德瑞克的肖像。1590 年英格蘭畫家馬克斯・赫拉特二世（Marcus Gheeraerts II）繪。

完成環繞世界一周的壯舉

一五七〇年起德瑞克便以船長身分活動，目標則是令他恨之入骨的西班牙所擁有的財寶。

德瑞克開始幹起海盜勾當，攻擊西班牙的新大陸殖民

由英格蘭女王伊莉莎白一世冊封為騎士的德瑞克。19 世紀英國雕刻家約瑟夫・波姆（Joseph Boehm）雕製。與英格蘭西南部德文郡的德瑞克雕像一同展示。

地掠奪財寶。當時英格蘭與西班牙因宗教問題處於一觸即發的狀態，所以英格蘭當局有一半是默許了德瑞克的行動。

一五七七年，德瑞克以蓋倫帆船金雌鹿號（Golden Hind，出航當時的船名為鵜鶘號〔Pelican〕）為旗艦，率領五艘船隻自英國南部的普利茅斯（Plymouth）啟航。他計畫從大西洋向西南方航行，經南美洲南端的麥哲倫海峽進入太平洋後，再劫掠智利沿岸的西班牙殖民地。而航行途中偶然發現的海峽，現在也以他的名字命名為德雷克海峽。

德瑞克在途中攻擊西班牙的寶船卡卡夫牙哥號（Cagafuego），獲得了約二十萬磅的黃金與白銀。此外，他在這趟航行中取得的祖母綠，日後成為伊莉莎白一世皇冠上的裝飾。

德瑞克於一五八〇年返回普利茅斯，成為全世界第二位環繞世界一周的人。據說德瑞克當時帶回來的財寶甚至比英格蘭政府的年收入還多。立下這項功績的德瑞克，最後由女王伊莉莎白一世冊封為騎士。

擊破無敵艦隊

英格蘭與西班牙的關係日趨惡化，二國終於面臨無法避免衝突的狀態。德瑞克環繞世界一周後擔任普利茅斯市長等要職，同時也擔任負責指揮英格蘭艦隊的副司令官。

西班牙無敵艦隊擁有一百三十艘船隻，英格蘭艦隊則有一百九十七艘，儘管數量勝過西班牙但大多是小型船，而且大砲數量也是西班牙較多。不過，英格蘭大砲的威力雖然低，射程卻很長。德瑞克等人指揮的英格蘭艦隊發揮小型船的機動力，追趕進入多佛海峽的無敵艦隊，然後「猶如拔羽毛般」擊沉船艦。

英格蘭與西班牙無敵艦隊爆發的海戰。作者不詳，1613 年左右的作品。

此外他們還趁西班牙艦隊停泊期間，放火焚燒八艘堆放大量燃料的船隻，讓船順著潮流撞進西班牙軍隊的陣地。等西班牙的大型船急忙逃往外海時，英格蘭艦隊再加以猛力攻擊，可以說是很有海盜作風的二段式戰法。這場攻擊成了勝負關鍵，最後無敵艦隊放棄進攻英格蘭而撤退，德瑞克等人則被譽為英格蘭的英雄。

不過，德瑞克的勝利也到此為止。海戰後德瑞克進攻西班牙艦隊的根據地里斯本，結果卻以失敗收場，此外他也無法像過去那樣，在加勒比海上的西班牙殖民地贏得勝利。德瑞克就在失意中離開人世。

但是德瑞克的功績，促使英格蘭最後爬上了世界的頂點。

精明幹練的戰爭企業家

阿爾布雷赫特·馮·華倫斯坦

【人名】阿爾布雷赫特・溫翠爾・歐西畢斯・馮・華倫斯坦
【拼法】Albrecht Wenzel Eusebius von Wallenstein
【生卒年】1583-1634
【活躍國家】德意志

阿爾布雷赫特・馮・華倫斯坦是十七世紀前半葉在神聖羅馬帝國任職的軍人。他以豐厚的資金及企業家的能力為後盾，組織厲害的傭兵部隊打贏數場戰爭。華倫斯坦的作法更在日後影響了近代的軍隊制度。

德意志三十年戰爭

一六一八年至一六四八年期間，德意志飽受戰火肆虐。

十六世紀初德意志人馬丁・路德批評教會腐敗，促使歐洲發起宗教改革。最後導致天主教（之前的宗派）與新教（宗教改革後誕生的宗派）之間產生嚴重對立。

神聖羅馬帝國是由皇帝統治的奧地利，以及德意志數百個邦國（由領主半獨立治理的地區）和周邊國家集合而成，帝國內部也分裂為天主教與新教二派陣營。

一六一八年，隸屬帝國的波希米亞（今捷克周邊）發生不滿限制新教權利的貴族反抗皇帝的事件。這起事件點燃了帝國內部二派陣營之間的戰火，最後連周邊各國也加入戰局，使得事態更加混亂。這場戰爭斷斷續續打了三十年之久，因此後來就稱為「三十年戰爭」。

華倫斯坦的肖像。17世紀中葉，尼德蘭（今荷蘭）出身的畫家安東尼・馮・范戴克（Anthony van Dyck）繪。

傭兵隊長華倫斯坦

一五八三年，華倫斯坦出生在波希米亞的新教小貴族家庭。

雙親死後他改信天主教並到義大利的大學遊學，之後就從軍累

引發三十年戰爭的布拉格拋窗事件。波希米亞的貴族將哈布斯堡家族的官員扔出窗外而點燃戰火。1618 年，德意志畫家馬提斯・梅利安（Matthäus Merian）繪。

積經驗。接著華倫斯坦和富有的寡婦結婚以繼承龐大的財產，他以此為本錢從事高利貸生意，同時默默地等待契機。

想以傭兵隊長的身分嶄露頭角，就必須要有僱用傭兵的資金，以及可以推銷自己的戰爭。華倫斯坦一見波希米亞發生內亂，便招募傭兵供皇帝斐迪南二世（Ferdinand II）運用。這項投資成功讓華倫斯坦獲得龐大利益，成為統治波希米亞四分之一以上領土的大領主。

軍稅制度

之後，華倫斯坦發揮了堪稱戰爭企業家的高超手腕。

在歐洲，按照慣例戰勝者可享劫掠三天的權利。對士兵而言這就像是分紅一樣，許多無法謀生的男人都是衝著這點成為傭兵的。

華倫斯坦禁止自己的士兵劫掠，不過他向皇帝爭取到在占領地課軍稅的權利，以做為士兵的軍餉。傳統上，軍稅是指戰爭時所課的臨時稅。華倫斯坦在自己軍隊經過的地區無論敵我都課重稅，而且稅收沒有上繳給皇帝，直接放進自己口袋。這些稅金最後用來支付士兵薪水。華倫斯坦不靠劫掠而以合法的收入讓傭兵部隊得以安穩運作。

不過，這個點子卻也是華倫斯坦失勢的起因。畢竟軍隊若靠國家稅收經營，那麼統領士兵的人就不見得非華倫斯坦不可。

罷免華倫斯坦

斐迪南二世倚仗華倫斯坦的軍事力量，無視各地邦國諸侯的權威發布命令。華倫斯坦本身旁若無人的行徑也招來了諸侯的反感。於是諸侯們脅迫皇帝，如果不罷免華倫斯坦，就不承認斐迪南二世的長子為繼承者。

這時連斐迪南二世都開始認為華倫斯坦是個危險人物。畢竟皇帝軍隊有一大半是華倫斯坦個人僱用的傭兵，不見得會對皇帝效忠。最後，華倫斯坦就失去了皇帝軍隊總司令官的地位。

瑞典國王古斯塔夫・阿道夫

來自北方的瑞典國王古斯塔夫二世・阿道夫（Gustav II Adolf，亦稱古斯塔夫・阿道夫），進攻戰火尚未平息的神聖羅馬帝國。古斯塔夫・阿道夫有「北方雄獅」之稱，是瑞典的英雄。

罷免華倫斯坦後，皇帝軍隊軍力大減，對瑞典軍隊一點辦法都沒有。斐迪南二世只好把華倫斯坦找回來，讓他重返總司令官的崗位。

帝國與古斯塔夫・阿道夫的決戰在德意志東部的呂岑（Lützen）進行。單就戰績而言是華倫斯坦率領的皇帝軍隊慘敗，不過古斯塔夫・阿道夫卻在這場戰爭裡中彈身亡，對帝國來說是相當走運的結果。

野心招致死亡

戰後，華倫斯坦擅自與留滯在帝國裡的瑞典軍隊、帝國裡與他們同一陣線的新教諸侯，以及介入戰爭的法國進行和平交涉。這項舉動很顯然已經超出華倫斯坦的權限。

這時瑞典與法國提議，要華倫斯坦背叛皇帝。尤其法國還拿極具吸引力的波希米亞王位做為交換條件。對不過是一介貴族的華倫斯坦而言，能夠登上王位簡直就像在做夢一樣。

斐迪南二世得知此事後，便命人暗殺華倫斯坦。皇帝能夠輕易殺掉握有強兵的華倫斯坦，是因為華倫斯坦重返崗位後率領的不是他自己的傭兵，而是斐迪南二世利用原本的軍稅所整頓的、名符其實的皇帝軍隊。華倫斯坦不過是個主管罷了。

一六三四年華倫斯坦死後，三十年戰爭仍持續進行，直到一六四八年才簽訂和平條約。三十年戰爭結束也宣告傭兵時代畫下句點，之後逐漸以市民組成的徵兵軍為主。

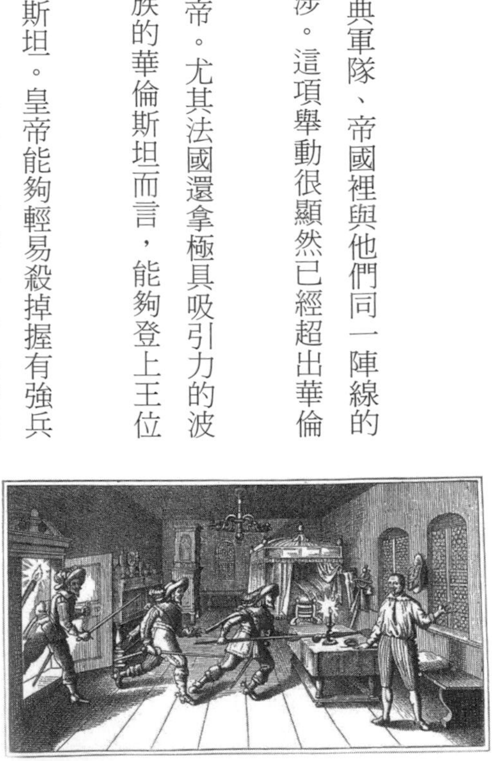

暗殺華倫斯坦。作者不詳，圖片來自 1904 年的德國出版品。

神聖羅馬帝國與哈布斯堡家族

哈布斯堡家族在中古世紀至近代歐洲，是勢力足以呼風喚雨的望族，不但統治奧地利與西班牙，還坐上神聖羅馬帝國的皇帝之位。究竟他們的權力有多大呢？

神聖羅馬帝國

古羅馬帝國於四世紀末分裂後，皇冠經由八世紀在歐洲建立大帝國的查理曼（➡五十六頁）傳承給在德意志的國王，因此哈布斯堡家族統治的神聖羅馬帝國並不在義大利半島上。

帝國的型態隨著時代而改變，至於本質可算是由奧地利以及德意志的邦國（當時德意志是由獨立貴族的小國集合而成）、捷克和波希米亞等地區組合起來的聯合體吧！這個帝國即是現在的德國雛型。

善用政治聯姻的哈布斯堡家族

有句話是這麼說的：「戰事就交給別人吧！幸福的奧地利，結婚吧！」而哈布斯堡家族正是透過政治聯姻的方式來擴張領土的望族。

最後哈布斯堡家族不僅擁有皇帝的寶座，還保有奧地利以外的國家王位，巔峰時期勢力甚至遍及整個歐洲（英法二國與羅馬教皇國除外）。

不過，這個大帝國隨著時代演進，最終也面臨了界限——國內各個民族紛紛要求獨立。十九世紀初，神聖羅馬帝國屈服於法國的拿破崙而解體，奧匈帝國（一八六六年成立）也在一九一八年第一次世界大戰後瓦解，哈布斯堡家族延續六百年以上的繁華就此宣告結束。

生於動盪時代的女裝騎士

騎士迪昂

【人名】查理・杰尼維瓦・路易・奧古斯特・安德烈・提莫特・迪昂・德・波蒙
【拼法】Charles-Geneviève-Louis-Auguste-André-Thimothée d'Éon de Beaumont
【生卒年】1728-1810
【活躍國家】法國

騎士迪昂（Chevalier d'Eon）是十八世紀服侍法王的外交官與武人。他還是個為外交上的機密任務屢次男扮女裝，後半餘生更以「女性」身分度過的奇人。

迪昂的全名有點長，叫做查理・杰尼維瓦・路易・奧古斯特・安德烈・提莫特・迪昂・德・波蒙。通稱裡的「Chevalier」在法語為「騎士」的意思。

美少年化身為淑女

一七二八年，迪昂誕生在法國中部城市第戎（Dijon）的名士家庭。迪昂小時候是一名金髮碧眼的美少年，母親很喜歡讓他穿上妹妹的衣服。在首都巴黎遊學時他發揮天資，二十歲左右就取得博士學位，並拜當時巴黎最有名的劍士特拉戈里（Teillagory）為師，是個劍術高手。

女裝的迪昂肖像。1779 年，J.B. 布拉德爾（J.B. Bradel）繪。

迪昂憑藉其美貌與才氣熟識許多大貴族，最後更成為法王路易十五（Louis XV）的私人祕密外交機構「國王的機密局（Secret du Roi）」的一員。

成為機密局員後不久迪昂便接到命令，要將路易十五的書簡暗中交給俄羅斯女皇伊莉莎白（Elizabeth）。但當時法國與俄羅斯關係險惡，法國貴族無法輕易入境。於是迪昂男扮女裝，化

身穿軍服的迪昂。18 世紀的法國畫家皮耶爾・安德里昂・勒・布尤（Pierre Adrien Le Beau）繪。

名麗兒・德・波蒙小姐（Lea de Beaumont），隱瞞身分接近伊莉莎白女皇，順利完成任務。

之後迪昂仍數度前往俄羅斯，不過這時他則自稱是麗兒的哥哥。

外交官迪昂

順利完成俄羅斯的外交工作後，迪昂如願得到龍騎兵連隊隊長的地位。龍騎兵是指配備鳥嘴槍等武器的輕騎兵，是當時人們嚮往的職業之一。正巧當時為七年戰爭（起因於奧地利與普魯士的對立）的末期，身為龍騎兵連隊成員的迪昂也立下幾項功勳。

但是，由於同盟國俄羅斯的伊莉莎白女皇駕崩，戰況轉而對法國不利。這回迪昂改以外交官的身分在英國執行和平任務。當時他先把英國外相輔佐官羅伯特・伍德（Robert Wood）灌醉，接著拿出伍德隨身攜帶的包包偷看裡面的機密文件，再通知法國凡爾賽宮文件內容。

路易十五很滿意他的表現，迪昂因而成為聖路易騎士團（➡二百五十五頁）的一員。此外，之前迪昂都是從事檯面下的外交工作，後來有段時間轉任代理大使的職務。小貴族出身的迪昂終於站上可以大展身手的外交舞台，這是他一生中最為燦爛的時期。

騎士迪昂是男是女？

「騎士迪昂其實是女人」的流言就在這時傳了開來。迪昂總是穿著龍騎兵連隊的制服，可是連駐地倫敦都公然拿「迪昂是男是女」的問題來賭博。事實上他有著雌雄莫辨的美貌，而且從他執行俄羅斯外交任務的那時起就對女人沒有任何興趣，這幾點都使傳聞甚囂塵上。

造成這種情況的原因，除了迪昂的傲慢態度惹貴族不高興，還有「國王的機密局」與大貴族之間的政治對立。派駐倫敦的駐英大使蓋爾西伯爵（Guercy）還散布八卦說：「迪昂・德・波蒙精神異常。他既非男人也不是女人，而是陰陽人。」後來迪昂在政治鬥爭中擊敗了蓋爾西伯爵，然而倫敦流傳的謠言卻無法一掃而空。

這段期間迪昂的庇護者路易十五年老糊塗，提拔迪昂的大貴族們也都去世了。再加上迪昂知道太多外交上的機密，貿然返回法國有可能會被關進牢裡。

過去迪昂為了任務而男扮女裝，這回他為了保護自己而決定變成女人。迪昂反過來利用謠言坦承：「我是女人。」還在一七七五年跟法國政府達成協定「只要迪昂變回女人，穿上女人的服裝就准許他回國。」因為連以前就認識迪昂的人們都相信這段突如其來的告白。

迪昂女士的決鬥

一七七七年迪昂回國後便開始以女性身分生活，可是周遭卻把他當成珍禽異獸看待。此外，一七七四年路易十五駕崩，路易十六繼位後解散了機密局，迪昂因而喪失外交官的地位。

最後迪昂再度移居倫敦，但沒多久就斷炊了，他只好靠拿手的西洋棋與擊劍來餬口。

當時有個名叫騎士聖喬治（Chevalier de Saint-Georges）的人，號稱是「倫敦最強劍士」。至於迪昂儘管年屆六十，劍術仍然沒有退步，被評為當代第一劍士。後來迪昂就穿著裙子挑戰騎士聖喬治，在觀眾面前大獲全勝，贏得獎金與讚賞。

悲慘的晚年

當迪昂在倫敦過著艱苦生活時，法國則颳起革命的風暴。路易十六與瑪麗・安東尼特王后（Marie Antoinette）命喪斷頭台，恐怖政治時期就此展開。貴族迪昂的回國希望就這麼斷絕了。

迪昂晚年非常窮困，甚至還得把路易十五贈送的榮譽物品拿去典當。

迪昂於一八一〇年離開人世，享壽八十二歲。醫生檢查過迪昂的遺體，確定他是不折不扣的男性，據說與他同住的老婦人在得知此事後相當驚訝。

穿著女裝決鬥的迪昂。1789年，法國畫家查理・約翰・羅賓尼（Charles Jean Robineau）繪。

騎士的劍，農民的弓，傭兵的槍

戰場上的主角隨著時代而改變，主要使用的武器亦隨之轉變。

在此簡單說明這些變化，並概觀歐洲戰場的歷史。

騎士的劍

劍是象徵騎士的武器。歐洲曾有段時期禁止農民持有武器，因此劍不但是厲害的武器，亦是貴族特權的表現。

農民的弓

至於弓則是身分低微者常用的武器。比方說英格蘭的傳奇人物——懲治惡領主的義賊羅賓漢，他的武器同樣是弓。

十三世紀，英格蘭下令讓農兵持有弓箭。

一三四六年於法國境內爆發克雷西會戰（Battle of Crécy）時，英格蘭使用長弓（長一公尺以上的弓）齊射，一舉殲滅法軍的騎兵，可說是這項政策的成果之一。

傭兵的槍

十五世紀以後席捲德意志的傭兵們，則使用柄長五公尺的長槍。

槍這種武器，即使是沒受過訓練的新兵也很容易使用。而且在火槍等火器普及前，長槍步兵的密集陣法堪稱無敵。

對自尊心高強的騎士而言，下馬成為步兵是一件很屈辱的事情。傭兵隊長大多出身於騎士階級，但是他們卻主動下馬與傭兵並肩作戰，因而獲得傭兵的信賴。於是二者逐漸主導歐洲的戰場。

這也是戰場主角從華麗的騎士轉變為大批無名步兵的過程。

成為武士的騎士

山科勝成

【人名】山科勝成
【拼法】Katsunari Yamashina
【生卒年】？
【活躍國家】日本

歐洲的大航海時代，大約是指十五世紀中葉至十七世紀中葉。這段期間日本的室町幕府勢力衰退，開啟了各地大名（相當於歐洲的領主）相爭的戰國時代，最後由江戶幕府統一國家。

當時有許多歐洲洋人來到日本侍奉大名。著名的有擔任德川家康外交顧問的三浦按針（威廉・亞當斯〔William Adams〕），以及謁見織田信長與豐臣秀吉的司鐸路易斯・佛洛伊斯（Luís Fróis）等等。

據說當中還有個成為武士的騎士，他就是侍奉戰國大名關一政（跟隨織田信長、豐臣秀吉的武將，信濃與美濃的藩主）後，又服侍蒲生氏鄉而獲得「山科勝成」這個日本名的義大利人——喬凡尼・羅爾特斯（Giovanni Roruteśu）。

義大利騎士成為武士

羅爾特斯的領主蒲生氏鄉是織田信長的女婿，信長死後就追隨豐臣秀吉，成為陸奥會津（今福島縣會津地區）的領主。他還在一五六五年受洗成為基督教徒，洗禮名為里昂。

根據明治時期的歷史學家渡邊修二郎的研究，蒲生氏鄉的家臣中有位名叫羅爾特斯——亦即山科勝成的義大利人。渡邊發現了蒲生氏鄉的族人——大野五左右衛門於一六四二年所寫的資料之抄本《御祐筆日記抄略》，並主張裡頭有羅爾特斯的記述。

明治三十七年，渡邊在雜誌《太陽》上刊登〈蒲生氏鄉羅馬遣使說の出處〉這篇論文。根據文中引用的《御祐筆日記》內容，羅爾特斯不僅是外國武士，更是一位精通兵法、天文、地理等學問，足以匹敵張良、孔明（二者皆為中國歷史上傑出的軍師）的優秀人才。氏鄉聘用來自外國的羅爾特斯製作大砲步槍與其他

勝成的領主蒲生氏鄉的肖像畫。作者不詳，會津若松市立圖書館藏。

武器，還賜給他「山科羅久呂左右衛門勝成」這個日本名字。

此外，渡邊還在該論文中提到，一五八二年本能寺之變過後氏鄉守城抵抗明智光秀時，以及一五八四年小牧・長久手之戰、一五八七年九州征伐、一五九〇年小田原征伐等戰爭，勝成都有參戰，以大砲、步槍、日本刀建立功勳。

渡邊在著作《世界に於ける日本人》中提到，氏鄉想攻打朝鮮，需研發、製造戰艦，於是派勝成等人到西洋招募建造戰艦的技術人員。一五九二年勝成搭乘的船自長崎啟航，之後卻發生船難漂流到安南（今越南），最後遭到當地人殺害。

真的存在，抑或虛構？

只有渡邊發現的《御祐筆日記》裡有勝成的記述，至於其他跟蒲生氏鄉有關的資料都找不到這個人。因此也有人質疑，山科勝成這號人物並非真的存在，而《御祐筆日記》裡的記述其實是渡邊憑空杜撰的。

另外，經濟學家岩邊晃三在著作《天海・光秀の謎——会計と文化》中提到，過去認為複式簿記法是明治時期從國外傳來的，但其實早在戰國時代就有這種記帳方法，而且將之引進日本的正是義大利人勝成。

除此之外，還有蒲生氏鄉本人去過羅馬好幾次，以及勝成到羅馬採購大砲等說法。可惜目前依舊鮮少見到與勝成有關的文獻，關於這些說法仍有待更進一步的研究確認。

騎士們的小事典

Encyclopedia of Knights

小事典的閱讀方式

二百一十六頁之後的小事典，介紹的是未能在本書前半部介紹的騎士，以及世界各國創設的騎士團。

在此先說明三種小事典的內容以及前提。

資料欄的閱讀方式

收錄在「騎士們的小事典」裡的三種小事典，係以人名或騎士團名稱為標題，並附上英譯名稱。資料欄的閱讀方法如下。

亞瑟王
King Arthur

人名：
人名或騎士團的名稱。不見得都是本名，有些則是廣為人知的稱呼。本名請參照小事典的內容。

英譯：
人名或騎士團名稱的英文寫法。需要注意的是，有時中文名稱相同，英文寫法卻不一樣。

三種小事典與其內容

圓桌騎士小事典

➡二百一十六頁～二百三十三頁

包含未能在「亞瑟王傳奇」章節提及的角色在內，按英文字母順序簡單介紹一百零三名圓桌騎士與相關故事。

資料基本上來自《亞瑟之死》（➡十三頁），此外也會參考亞瑟王傳奇的其他作品。

騎士團小事典

➡二百三十四頁～二百五十五頁

按英文字母順序簡單介紹中古時期至現代各國創設的騎士團。

近現代騎士小事典

➡二百五十六頁～二百六十一頁

在近現代，騎士並非戰士的憑證，而是一種名譽稱號。這裡則介紹非武人出身，因留下傑出功績而成為騎士的人物。

三種騎士團

騎士團的意義與社會認知隨著時代而改變。以下簡單說明三種騎士團。

・**騎士修道會**

騎士團始於騎士們為跟異教徒作戰而採取的組織型態。只有既是戰士又是修道士（神職人員）的人才可加入騎士修道會。雖然稱為騎士團，但充其量只是為信仰而成立的組織。

・**世俗騎士團**

隨著時代演進，騎士精神越漸薄弱，騎士團不再是為戰鬥而設立，逐漸轉為國王或大貴族所成立的友愛組織，或是用來讚揚有力人士的制度。

・**勳章**

現代的騎士團不再屬於武人或貴族所有，而是用來讚揚有功者的制度。

與騎士有關的英文單字

小事典附上了英譯的騎士人名與騎士團名稱。以下說明頻繁出現的英文單字。

・**Sir 的意思**

受封為騎士者可以在自己的名字開頭加上「Sir（爵士）」，這是源自拉丁語的英文尊稱。正確來說，「Sir」要擺在名（First Name）的前面，而不是擺在姓的前面。

此外，女性則使用「Dame（女爵士）」。

・**Order 的意思**

「騎士團小事典」裡介紹的騎士團名稱翻譯成英語後，絕大多數會出現「Order」這個單字。「Order」除了常用的「順序」、「命令」等意思外，還可指「騎士團」。

不過，現代的騎士團已變成一種榮譽制度，因此翻譯成「勳章」的情況也相當多。

圓桌騎士小事典

本小事典按英文字母順序，介紹亞瑟王傳奇集大成之作《亞瑟之死》中，集結在亞瑟王宮廷裡的圓桌騎士。
此外，本書內文提過的騎士名字則以粗體字表示。

亞格拉文
Sir Agravain

亞瑟王同母異父姊姊莫歌絲與洛特王的兒子，**高文**的弟弟。突襲幽會中的**蘭斯洛特**與桂妮薇兒，將二人的罪行公諸於**亞瑟王**與眾人眼前。

最後遭到**蘭斯洛特**殺害。有一說**亞格拉文**是死於抓姦當時，也有人說他是在**蘭斯洛特**到刑場救走桂妮薇兒時喪命。

亞格洛瓦
Sir Aglovale

培里諾王的兒子，**帕西瓦爾**的兄弟。在**蘭斯洛特**因桂妮薇兒的誤解而發瘋失蹤時曾參與搜索行動。

負責護衛因通姦罪判處火刑的桂妮薇兒，最後遭到前來拯救王后的**蘭斯洛特**殺害。

亞歷迪克
Sir Aliduke

桂妮薇兒主辦晚宴時邀請的賓客之一。曾參加在卡美洛（Camelot）舉辦的比武大會。

安奎斯王
King Anguish

愛爾蘭國王。依索德的父親。

亞瑟王
King Arthur

統領圓桌騎士的國王。統治領土遍及全歐洲的超大王國（在作品中稱為羅格雷斯王國）。

↓十四頁

亞斯塔莫
Sir Astamor

在**亞瑟王**與羅馬皇帝交戰期間有出色表現。最後因突襲幽會中的**蘭斯洛特**與桂妮薇兒而反遭殺害。

巴德馬格斯王
King Bagdemagus

高盧（今法國、比利時、瑞士周邊）的國王，**亞瑟王**的表兄弟。

個性溫厚，不過當獲選為圓桌騎士的是年輕人**托爾**而非自己時，他氣得火冒三丈。之後，他也順利加入圓桌騎士。

探索聖杯時試用「掛在脖子上就會受傷的盾牌」，結果受到重傷。這塊盾牌對於命定主人**加拉哈德**以外的人而言，是個派不上用場的東西。**巴德馬格斯王**療養很長一段時間才康復。

在《駄車騎士蘭斯洛特》（➡二十頁）中，當兒子**梅里亞格斯**綁架桂妮薇兒王后時，他站在中立的立場防止**梅里亞格斯**侵犯桂妮薇兒。《亞瑟之死》裡也有相同的插曲，不過**巴德馬格斯王**在綁架事件發生前就去世了，所以沒有登場。

此外，《亞瑟之死》並未詳細說明**巴德馬格斯王**的死，只描寫到**蘭斯洛特**在墓碑上發現「遭**高文**殺害」這段文字。

貝林／貝蘭
Sir Balin / Sir Balan

生於英格蘭北部諾森伯蘭的騎士兄弟。**貝林**是哥哥，**貝蘭**是弟弟。

他們的殺母仇人即是賜給**亞瑟王**名劍艾克斯卡利巴的湖中仙女。二人因殺了她而惹得**亞瑟王**不悅，被逐出宮廷。兄弟倆為了取回自己的地位，便挑戰當時跟**亞瑟王**敵對的萊恩斯王（Rience）並成功俘虜他，這才得到**亞瑟王**的原諒。

此外，**貝林**在冒險途中得到二把劍，因此又稱為「雙劍騎士」。

某天**貝林**打倒擁有亞利馬太的約瑟（基督教聖人）血統的佩拉姆王（Pellam）。他的攻擊被稱為「悲傷的一擊」，結果導致土地荒廢，使他必須去尋找聖杯（➡十三頁）。

貝蘭則因為殺了某位騎士，而必須代替那位騎士成為迎戰來訪者的守衛。最後**貝林**和**貝蘭**就在不知情的情況下對戰，雙方都受傷而死。

之後**貝林**的劍就交給**加拉哈德**。

巴蘭特・勒・亞普列斯
Sir Barant le Apres

亞瑟王登基後不久，因不服從他而發起叛亂的十一位國王之一。有「百騎王」之稱。

叛亂遭到鎮壓後成為圓桌騎士一

員，曾在比武大會上露臉。

貝迪維爾
Sir Bedivere

柯爾尼斯公爵（Duke Corneus）的兒子，宮廷管家**路肯**的弟弟。有「無畏者」**貝迪維爾**之稱，是圓桌騎士中資格最老的成員之一。

在**亞瑟王**與**莫瑞德**的劍欄之戰中倖存下來，負責將**亞瑟王**的艾克斯卡利巴送回湖裡。

亞瑟王死後成為隱士度過餘生。

貝林嘉爾
Sir Bellangere

馬克王（英格蘭西南部的康瓦爾國王）的弟弟**鮑德溫**之孫。祖父與父親亞歷山大遭馬克王殺害後，前往**亞瑟王**的宮廷當騎士為父報仇。

亞瑟王與**蘭斯洛特**敵對時加入**蘭斯洛特**的陣營，在法蘭西擁有領地。

布拉摩爾・德・蓋尼斯
Sir Blamore de Ganis

布雷歐貝里斯的兄弟，**蘭斯洛特**的表兄弟。

曾指控愛爾蘭的**安奎斯王**殺人，結果打輸國王的代理人**崔斯坦**而敗訴。二人後來成為朋友。

亞瑟王與**蘭斯洛特**敵對時，他與弟弟**布雷歐貝里斯**一同加入**蘭斯洛特**的陣營。王國滅亡後成為隱士度過餘生。

布雷歐貝里斯・德・蓋尼斯
Sir Bleoberis de Gannes

布拉摩爾的兄弟，**蘭斯洛特**的表兄弟。

曾闖入康瓦爾（英格蘭西南部）馬克王的宮廷，帶走**賽格瓦力德斯**的妻子，因敗給**崔斯坦**而將人送回。

亞瑟王與**蘭斯洛特**敵對時，他與哥哥**布拉摩爾**一同加入**蘭斯洛特**的陣營。後來受封為法蘭西西部普瓦捷（Poitiers）的公爵，並參與十字軍東征。

鮑得
Sir Bohart

亞瑟王與桂妮薇兒結婚前，跟萊歐諾絲生的兒子。長大後成為圓桌騎士的一員。

鮑斯王
King Bors

法蘭西國王，邦王的兄弟。有**鮑斯**（與父同名）和**萊歐尼爾**二子。

鮑斯
Sir Bors

鮑斯王的兒子，**蘭斯洛特**的堂兄弟。比任何人都仰慕**蘭斯洛特**。**蘭斯洛特**和桂妮薇兒也很信賴他，有時會找他商量事情。

在**亞瑟王**與羅馬皇帝之間的戰爭中登場，是圓桌騎士裡資格最老的成員之一。時常出現在尋找失蹤的**蘭斯洛特**這類跟他有關的故事裡。

鮑斯曾與布蘭德哥里斯王的女兒生下兒子**艾里安**，之後就潔身自愛，成為找到聖杯的三騎士之一。

他在探索聖杯途中不斷受到惡魔的妨礙與上帝的考驗，還在不得已的情況下與哥哥**萊歐尼爾**爭鬥。所幸最後與**帕西瓦爾**及**加拉哈德**會合，獲得拜謁聖杯的榮譽。

在**加拉哈德**蒙主寵召、**帕西瓦爾**成為隱士辭世後，**鮑斯**就回到**亞瑟王**的宮廷說明詳細經過。

亞瑟王與**蘭斯洛特**敵對時加入**蘭斯洛特**的陣營。當時他還曾興致勃勃地說，要與（**亞瑟王**軍隊的）**高文**等人對戰。

鮑德溫
Sir Boudwin

服侍烏瑟．潘德拉剛與**亞瑟王**父子二代的騎士。

布蘭德烈斯
Sir Brandiles

高文的妻舅。

布魯諾
Sir Breunor

迪那丹的兄弟，有「黑騎士布魯諾」之稱。由於他穿著不合身的大衣到**亞瑟王**的宮廷，**凱**給他取了「寬大衣」這個奇怪的綽號。其實那是父親的遺物，在為父報仇前他絕不脫掉這件大衣。

當瑪提賽特公主（「惡言惡語之人」的意思）來到宮廷求助時，布魯諾應她的要求啟程冒險。起初公主相當瞧不起他，後來打倒獅子與十二名騎士，建立功勳，才讓公主肯定他的實力。

之後為父親報了仇，並跟瑪提賽特公主結婚，成為潘德拉剛城主。

布萊恩．德．李斯特諾斯
Sir Brian de Listinoise

想治**奧里**的傷，但沒有成功。

卡德
Sir Cador

出身英格蘭西南部康瓦爾的騎士，圓桌騎士**康士坦丁三世**的父親。

在**亞瑟王**與羅馬皇帝之間的戰爭中擊斃了利比亞國王。

卡拉德斯
King Carados

蘇格蘭國王。不認同**亞瑟王**，在他登基後不久就發起叛亂，遭到鎮壓後成為宮廷的重要人物。

查連斯
Sir Chaleins

克拉倫斯（Clarence）公爵。在薩魯斯國舉辦的比武大會表現出色。

克拉勒斯
Sir Clarrus

來自克利爾蒙特（Cleremont）。想治好**奧里**的傷，但沒有成功。

克雷奇斯
Sir Clegis

在**亞瑟王**與羅馬皇帝交戰期間有出色表現。**亞瑟王**與**蘭斯洛特**敵對時加入**蘭斯洛特**的陣營。

寇葛瑞凡斯
Sir Colgrevance

在圓桌騎士**蘭斯洛特**因桂妮薇兒王后的誤解而發瘋失蹤時曾參與搜索行動。

關於他的死有諸多版本，有人說他是在探索聖杯的旅途中，為調解**萊歐尼爾**與**鮑斯**這對兄弟的紛爭而遭殺害，也有人說他是在突襲幽會中的**蘭斯洛特**與桂妮薇兒時，第一個被**蘭斯洛特**打死的騎士。

康士坦丁三世
Sir Constantine III

卡德的兒子。血統最接近**亞瑟王**，**亞瑟王**戰死於劍欄之戰後便由他繼承王位。

卡斯連恩
Sir Curselaine

因突襲幽會中的**蘭斯洛特**與桂妮薇兒而反遭殺害。

達科涅特
Sir Dagonet

原本是在宮廷工作的小丑，後來被**亞瑟王**提拔為騎士。即使成為騎士，每回比賽時仍會逗眾人笑。

依索德很討厭他，還曾被失去理智的**崔斯坦**推落水池。

狄格連 Sir Degrane

文中提到他曾與布雷克羅（Black Lowe）的巨人交戰。想治好**奧里**的傷，可惜沒有成功。

迪那丹 Sir Dinadan

黑騎士**布魯諾**的兄弟。雖然是圓桌騎士的一員，卻認為：「為戰爭而戰沒有意義！」實力比一般騎士還強，卻不太喜歡參與危險的戰爭。還曾語出驚人，說要違反騎士原則為女性而戰。不過活潑的他仍受到不少騎士的愛戴。

只要跟**崔斯坦**在一起就會被捲進紛爭中，因此**迪那丹**常說他壞話。不過他也很討厭經常陷害**崔斯坦**的康瓦爾（英格蘭西南部）國王馬克，曾做了一首諷刺馬克王的歌給吟遊詩人們歌唱。

最後遭**莫瑞德**與**亞格拉文**殺害。

狄納斯 Sir Dinas

原本是服侍康瓦爾（英格蘭西南部）國王馬克的管家，他很同情並保護在宮廷裡受馬克王欺負的**崔斯坦**。**崔斯坦**造訪**亞瑟王**的宮廷後，**狄納斯**也成為圓桌騎士的一員。

亞瑟王與**蘭斯洛特**敵對時加入**蘭斯洛特**的陣營，在法蘭西擁有領地。

多迪那斯 Sir Dodinas

賽格瓦力德斯的妻子被**布雷歐貝里斯**帶走時，迫於情勢而與**崔斯坦**對戰，結果打輸他。

德利安 Sir Driant

培里諾王的兒子之一，圓桌騎士的一員。負責護衛因通姦罪判處火刑的桂妮薇兒，最後遭到前來拯救王后的**蘭斯洛特**殺害。

艾克特 Sir Ector

凱的父親。為人篤實，以養父的身分照顧**亞瑟王**。

愛德華 Sir Edward

薩德克的兄弟，**高文**的表兄弟。參加在洛尼傑普城（Lonazep）舉辦的比武大會，把蘇格蘭國王打下馬。

艾里安
Sir Elyan

鮑斯與布蘭德哥里斯王（King Brandegoris）的女兒所生的兒子。有「白艾里安」之稱。

艾皮諾葛瑞斯
Sir Epinogris

英格蘭東北部諾森伯蘭（Northumberland）的王子。與威爾斯國王的女兒相戀，**崔斯坦**曾說二人是愛得最熱烈的情侶。因為打輸**沙菲爾**導致情人被帶走，後來在**帕拉米斯**的幫助下救回情人。

法格斯
Sir Fergus

英格蘭西南部的康瓦爾出身。原本是康瓦爾國王馬克的家臣，他跟**狄納斯**一同袒護被馬克王欺負的**崔斯坦**。

崔斯坦離開馬克王的宮廷後，**法格斯**就成為他的隨從，日後成為圓桌騎士之一。

佛羅連斯
Sir Florence

高文的兒子。眾兄弟中只有他是不同母親所生。最後因突襲幽會中的**蘭斯洛特**與桂妮薇兒而反遭殺害。

賈哈蘭廷
Sir Gahalantine

亞瑟王與**蘭斯洛特**敵對時加入**蘭斯洛特**的陣營，在法蘭西擁有領地。

嘉赫里斯
Sir Gaheris

亞瑟王同母異父姊姊莫歌絲與洛特王的兒子。**高文**的弟弟，起初擔任哥哥的隨從。妻子麗奈特（Lynette）為弟弟**賈列斯**之妻萊妮絲（Lyonesse）的妹妹。

因殺害與**拉莫拉克**外遇的母親莫歌絲而遭**亞瑟王**放逐。之後與兄弟**亞格拉文**共謀殺害**拉莫拉克**。

很仰慕**蘭斯洛特**，卻在**蘭斯洛特**到刑場解救桂妮薇兒時遭到他殺害。

賈拉格斯
Sir Galagars

在丹麥國王等五位國王進攻之際有出色表現。

加拉哈德
Sir Galahad

蘭斯洛特與流著基督教聖人之血的伊蓮所生的兒子。其血統、最虔誠的信仰之心與純潔的身心，使他成功找到聖杯（➡十二頁）。

➡三十頁

嘉拉赫特 Sir Galahaut

騎士布魯諾（Brunor）的兒子。布魯諾總是強迫造訪自己城堡的騎士與他單挑，而賓客的夫人若不如自己的妻子美麗就砍頭。因此最後被造訪城堡的**崔斯坦**打敗。

但由於**嘉拉赫特**厭惡自己的父親，因此並未怨恨殺父仇人**崔斯坦**。得到**亞瑟王**的許可後，便在薩魯斯國（Surluse）舉辦比武大會。

賈拉夫特 Sir Galehaut

統治群島地區與索爾萊斯（Sorelais，不清楚是指哪個地區）的國王。在當地有「偉大的國王」之稱。曾侵略大不列顛島，後來與**蘭斯洛特**締結堅定的友情，並與**亞瑟王**和解成為圓桌騎士的一員。

亞瑟王與**蘭斯洛特**敵對時加入**蘭斯洛特**的陣營，在法蘭西擁有領地。戰後誤以為**蘭斯洛特**已死，因悲傷與絕食而去世。

賈利霍登 Sir Galihodin

嘉拉赫特的表兄弟，在薩魯斯國內擁有領地。曾在偶遇**崔斯坦**一行人時出言挑釁，結果反被痛打一頓。

亞瑟王與**蘭斯洛特**敵對時加入**蘭斯洛特**的陣營，在法蘭西擁有領地。

加勒隆 Sir Galleron

蘇格蘭出身。領地遭**亞瑟王**沒收，但後來成了圓桌騎士的一員。

與**帕拉米斯**交手而受到重傷時，**崔斯坦**正好出現在現場，他便將整套盔甲借給沒有裝備的**崔斯坦**。

最後因突襲幽會中的**蘭斯洛特**與桂妮薇兒而反遭殺害。

賈列斯 Sir Gareth

亞瑟王同母異父姊姊莫歌絲與洛特王的兒子，**高文**的么弟。**賈列斯**當初來到**亞瑟王**的宮廷時，隱姓埋名只求溫飽，於是**凱**給他取了「美手（Beaumains）」這種不像騎士（拿劍的手當然不美）的綽號，派他去廚房工作。

一年後有位少女來到宮廷請求眾人「解救被抓走的姊姊」，**賈列斯**自告奮勇，由**蘭斯洛特**冊封為騎士後就啟程去冒險。途中他陸續打倒自稱黑、綠、紅、藍騎士的四兄弟，並擊敗抓走少女姊姊的「紅之國的紅騎士」**艾恩賽德**。

之後他才告訴宮廷的人們自己的本名，並與少女的姊姊萊妮絲結婚。

在**高文**兄弟暗殺跟母親偷情的圓桌騎士**拉莫拉克**的事件中，只有**賈列斯**沒有參與襲擊**拉莫拉克**的行動。

很仰慕**蘭斯洛特**，卻在**蘭斯洛特**到刑場解救桂妮薇兒時遭到他殺害。

高文
Sir Gawain

亞瑟王同母異父姊姊莫歌絲與洛特王的長子，**亞瑟王**的外甥。**賈列斯**、**嘉赫里斯**、**亞格拉文**的哥哥，**莫瑞德**為他的同母異父弟弟。

是圓桌騎士中的主要人物，名列最強騎士之一。

➡**二十六頁**

甘格蘭
Sir Gingalain

高文的兒子。當初來到宮廷時並不曉得自己的名字，而被稱為「無名的美男子（Le Bel Inconnu）」，救出遭魔法師囚禁的威爾斯公主愛絲梅蕾（Esmerée）時才得知自己的身世。

最後因突襲幽會中的**蘭斯洛特**與桂妮薇兒而反遭殺害。

葛利夫雷特
Sir Griflet

亞瑟王的騎士多（Do）之子。由**亞瑟王**冊封為騎士後不久，就跟人單挑而受重傷，幸好撿回一命。

負責護衛因通姦罪判處火刑的桂妮薇兒，最後遭到前來拯救王后的**蘭斯洛特**殺害。

此外，有些作品將劍欄之戰後，把艾克斯卡利巴送回湖中的工作給了**葛利夫雷特**，而不是**貝迪維爾**。**葛利夫雷特**在看過**亞瑟王**的墳墓後就成為隱士，不久便離開人世。

蓋爾特
Sir Guyart

想治**奧里**的傷，但沒有成功。

哈利・勒・菲斯・萊克
Sir Harry le Fise Lake

有「傑出騎士」之稱，卻中了壞騎士布魯茲（Breuse）的詭計，差點跟同伴自相殘殺。

西比斯
Sir Hebes

由**崔斯坦**冊封為騎士，**崔斯坦**死後成為圓桌騎士的一員。

亞瑟王與**蘭斯洛特**敵對時加入**蘭斯洛特**的陣營，在法蘭西擁有領地。

愛克特・德・馬里斯
Sir Hector de Maris

邦王的兒子，**蘭斯洛特**的弟弟。繼承邦王的王位。

在搜索因桂妮薇兒的誤解而發瘋失蹤的**蘭斯洛特**時，與**帕西瓦爾**發生口角打起來，雙方皆受到重傷。**帕西瓦爾**向上帝祈禱後彼此才痊癒。

亞瑟王與**蘭斯洛特**敵對時加入**蘭斯洛特**的陣營，在法蘭西擁有領地。

哈維斯・德・拉斐爾
Sir Hervise de Revel

丹麥國王等五位國王進攻**亞瑟王**的領地時，於**培里諾王**的推薦下加入圓桌騎士。

艾恩賽德
Sir Ironside

身穿紅色盔甲，自稱「紅之國的紅騎士」，與**高文**之弟**賈列斯**單挑戰敗。之後成為圓桌騎士的一員。

凱
Sir Kay

艾克特的兒子，**亞瑟王**的義兄弟。**亞瑟王**拔出王者之劍時，起初**凱**謊稱劍是自己拔出來的，後來在父親**艾克特**的逼問下才說出真相。**亞瑟王**登基後成為宮廷的總管。

凱在戰場上也立下不少功勳，並於丹麥國王進攻的那場戰爭後成為圓桌騎士的一員。他曾在對抗羅馬皇帝的戰爭中受到重傷，還因為太痛而留下遺言，但其實傷口並未深及內臟，不久就痊癒了。

凱個性精明，曾在冒險途中跟**蘭斯洛特**交換盔甲並說：「多虧有我，你才沒遭到襲擊平安回到宮廷。」此外，他也容易與人爭鬥，常常挑戰來到宮廷的年輕騎士卻反被打敗。由於他總是對來到宮廷的人物冷嘲熱諷，嘴壞愛打架的風評甚至傳到其他國家。

關於**凱**的死有諸多版本，有人說他在與羅馬人交戰時戰死，也有人說他死於對抗**莫瑞德**的戰爭中。

凱・勒・史崔格
Sir Kay le Strange

參加在洛尼傑普舉辦的比武大會，與**帕拉米斯**對戰時不幸落馬。

負責護衛因通姦罪判處火刑的桂妮薇兒，最後遭到前來拯救王后的**蘭斯洛特**殺害。

拉米耶爾
Sir Lamiel

來自卡地夫（Cardiff，今威爾斯首都）的騎士。作品裡提到他對貴婦忠貞不二。想治好**奧里**的傷，可惜沒有成功。

拉莫拉克
Sir Lamorak

威爾斯出身的騎士。**培里諾王**的嗣子，**帕西瓦爾**的兄弟，與**托爾**是同父異母兄弟。實力僅次**蘭斯洛特**與**崔斯坦**的著名騎士。

他在康瓦爾所舉辦的比武大會上表現傑出，卻因為接連上場戰鬥過度疲累而輸給**崔斯坦**。但是**崔斯坦**認為這對疲勞的對手很不公平，因而拒絕接受比賽結果。

拉莫拉克覺得丟臉，想報復**崔斯坦**，不過二人最後達成和解，共同對抗巨人尼波。事後他與**崔斯坦**約定雙方不再交手。

他是洛特王的妻子、**亞瑟王**同母異父姊姊莫歌絲的情夫。**嘉赫里斯**殺害莫歌絲後，其他兄弟也暗殺了**拉莫拉克**。

蘭貝格斯
Sir Lanbegus

服侍**崔斯坦**的騎士。

負責護衛因通姦罪判處火刑的桂妮薇兒，最後遭到前來拯救王后的**蘭斯洛特**殺害。

蘭斯洛特
Sir Lancelot

邦王的兒子，**加拉哈德**的父親。

他是由湖中仙女養育長大的，因此又稱「湖上騎士」。身為圓桌最強騎士的他卻與桂妮薇兒王后偷情，促使王國走向毀滅。

➡二十頁

拉文
Sir Lavain

卡美洛舉辦比武大會時，提供**蘭斯洛特**住宿的騎士巴納德（Barnard）之子。妹妹伊蓮因太過迷戀**蘭斯洛特**，最後憔悴而死。

拉文跟著**蘭斯洛特**參加比武大會，表現相當出色，之後成為圓桌騎士的一員。與**奧里**的妹妹菲蕾蘿莉（Felelolie）結婚。

亞瑟王與**蘭斯洛特**敵對時加入**蘭斯洛特**的陣營，在法蘭西擁有領地。

李奧多格蘭斯王
King Leodegrance

卡米利亞德（Cameliard，可能是蘇格蘭或英格蘭西南部）的國王，桂妮薇兒的父親。願意成為**亞瑟王**的後盾，並將女兒嫁給他。騎士們所坐的圓桌，即是他在女兒出嫁時送去的嫁妝，之後被任命為圓桌的管理人。

萊歐尼爾
Sir Lionel

鮑斯王的兒子。弟弟**鮑斯**跟父親同名，**蘭斯洛特**則是他的堂兄弟。

探索聖杯期間，**萊歐尼爾**遭到二名騎士攻擊。當時他向湊巧經過的弟弟**鮑斯**求救，沒想到**鮑斯為了救另一個人**而對哥哥見死不救。

萊歐尼爾懷恨在心，再次見到**鮑斯**時不顧周遭制止想要殺了弟弟。就在他砍死勸架的**寇葛瑞凡斯**、即將殺死**鮑斯**時，上帝要兄弟倆停止爭鬥。**萊歐尼爾**這才原諒**鮑斯**。

亞瑟王與**蘭斯洛特**敵對時加入**蘭斯洛特**的陣營，成為法蘭西國王。**亞瑟王**與**莫瑞德**在劍欄之戰戰死後**蘭斯洛特**才趕到，事後他選擇隱居。**萊歐尼爾**試圖尋找他的下落，但還沒來得及重逢就去世了。

拉維爾
Sir Lovel

高文的兒子。最後因突襲幽會中的**蘭斯洛特**與桂妮薇兒而反遭殺害。

路肯
Sir Lucan

柯爾尼斯公爵的兒子，**貝迪維爾**的哥哥。多年來擔任**亞瑟王**宮廷的管家，是圓桌騎士中資格最老的成員之一，也時常參加比武大會。

在**亞瑟王**與**莫瑞德**的劍欄之戰中，只有他和**貝迪維爾**倖存下來，但在搬運受傷的**亞瑟王**時因內臟擠出而死。

馬德・德・拉波爾特
Sir Mador de la Porte

帕特里斯的表兄弟。受邀參加桂妮薇兒舉辦的晚宴，當**帕特里斯**誤食毒蘋果而死時，他指控桂妮薇兒是毒殺犯。結果他敗給王后的決鬥代理人**蘭斯洛特**，事後才得知是自己誤會王后了。

最後因突襲幽會中的**蘭斯洛特**與桂妮薇兒而反遭殺害。

馬霍路特
Sir Mahault

愛爾蘭的騎士。在**崔斯坦**的傳說中他是愛爾蘭國王之子，依索德的弟弟，在《亞瑟之死》中則是王后的弟弟，依索德的舅舅。

馬霍路特是一名勇猛的騎士，就連**高文**都打不贏他。曾見到女魔法師捉弄騎士，因而非常討厭女性。

愛爾蘭多年來要求英格蘭西南部的康瓦爾朝貢，但是康瓦爾國王馬克拒絕他們的要求。二國於是決定派**馬霍路特**（愛爾蘭代表）和**崔斯坦**（康瓦爾代表）決鬥以解決此事，激戰之後**馬霍路特**敗給**崔斯坦**。儘管在母國愛爾蘭接受治療，**馬霍路特**不久就死了。

他在這場決鬥中使用毒劍，促成**崔斯坦**與依索德的邂逅。

幾年後**崔斯坦**成為圓桌騎士時，就是坐在**馬霍路特**以前的座位旁邊。

馬洛克
Sir Marrok

由於遭到妻子背叛，因此有七年時間他都保持狼人的模樣。想治好**奧里**的傷，可惜沒有成功。

梅里亞格斯
Sir Meleagant

巴德馬格斯王之子。暗戀桂妮薇兒已久，趁**蘭斯洛特**未隨行時綁架她，關在自己的城堡裡。得知**蘭斯洛特**搭乘馱車趕過來後，害怕遭到對方報復而放走桂妮薇兒。

之後他找到桂妮薇兒與**蘭斯洛特**偷情的證據，向**亞瑟王**告發二人的不倫戀情。最後遭桂妮薇兒的決鬥代理人**蘭斯洛特**殺害。

梅利歐特
Sir Meliot

表姊差點被人帶走時，是**培里諾王**幫助了他們。

此外，女巫赫拉薇絲（Hellawes）為擄獲**蘭斯洛特**的心而設下圈套時也遭受牽連，與名為「庶子吉爾伯特（Gilbert the Bastard）」的騎士對戰重傷。被**蘭斯洛特**救回一命。

最後因突襲幽會中的**蘭斯洛特**與桂妮薇兒而反遭殺害。

梅利鄂斯·德·里爾
Sir Melleaus de Lile

丹麥國王的兒子。

由隨從**加拉哈德**冊封為騎士。血氣方剛的他，不久就在冒險中受瀕死重傷，所幸勉強撿回一命。

梅利恩
Sir Mellion

在文中稱為「山岳的」**梅利恩**。想治好**奧里**的傷，但沒有成功。

莫瑞德
Sir Mordred

亞瑟王與同母異父姊姊莫歌絲的

私生子。與**高文**是同母異父兄弟。

不僅告發**蘭斯洛特**與桂妮薇兒的不倫戀情，還趁**亞瑟王**不在時謀反奪取王國，導致王國滅亡。

➡四十頁

尼恩崔斯王
King Nentres

嘉洛特（Garloth）的國王，與**亞瑟王**同母異父姊姊伊蓮結婚。在**亞瑟王**登基後不久與其他十位國王發動叛亂，不過後來他加入**亞瑟王**的陣營，成為圓桌騎士的成員。

尼洛維斯
Sir Nerovens

蘭斯洛特冊封為騎士。在**蘭斯洛特**找尋**布魯諾**與瑪提賽特公主（Maledisant）時，把**布魯諾**被抓到潘德拉剛城的事告訴**蘭斯洛特**。

亞瑟王與**蘭斯洛特**敵對時加入**蘭斯洛特**的陣營，在法蘭西擁有領地。

歐札納
Sir Ozanna

經常參加各地國王主辦的比武大會，桂妮薇兒遭**梅里亞格斯**綁架當時他也是隨行護衛之一。

帕拉米斯
Sir Palamedes

艾斯克拉博王（Esclabor）的兒子，雖然是伊斯蘭教徒，在**亞瑟王**的宮廷裡仍是赫赫有名的騎士。在比武大會上也擊敗了許多騎士，因而受到**亞瑟王**的表彰。

帕拉米斯暗戀馬克王的妻子依索德，長期為依索德的事跟**崔斯坦**對立。單挑打輸**崔斯坦**後，竟動歪腦筋抓走依索德，結果被追上來的**崔斯坦**搶了回去。

此外，還曾發生二人約好要對決，但**帕拉米斯**被關在牢裡無法前往指定地點，最後**崔斯坦**就與湊巧經過的**蘭斯洛特**決鬥的事件。

接替**培里諾王**尋找「咆哮怪獸（Questing Beast）」的任務，並發誓若沒抓到怪獸就不能接受基督教的洗禮（不過心態上他已經是基督教徒）。在最後一場決鬥打輸**崔斯坦**後，在他的勸說下改信基督教。

亞瑟王與**蘭斯洛特**敵對時加入**蘭斯洛特**的陣營，成為普羅萬（Provins，法國東南部）的公爵。

帕西瓦爾
Sir Parcival

培里諾王的兒子。與**亞格洛瓦**、**拉莫拉克**、**托爾**為兄弟。

在十二世紀後半葉克雷帝安·德·特洛瓦所著的《帕西瓦爾聖杯

故事（Perceval, le Conte du Graal）》中，**帕西瓦爾**的母親不曾教導他有關騎士的事。因為她的丈夫與二名兒子都死於鬥毆，她不希望**帕西瓦爾**跟殺伐的世界有所牽連。沒想到**帕西瓦爾**偶遇一名騎士，深受那副盔甲裝扮的吸引，也想成為騎士的他便不顧母親的制止前往宮廷。

未受過騎士教育的**帕西瓦爾**剛當上騎士時十分辛苦，不過他很快就成為宮廷裡數一數二的騎士。

《亞瑟之死》中並未提到這段身世，**帕西瓦爾**最初就是以**培里諾王**之子的身分登場。

帕西瓦爾與**加拉哈德**、**鮑斯**同為找到聖杯的騎士。在《亞瑟之死》中，他的姊姊也負責引導三人。

找到聖杯後**加拉哈德**便蒙主寵召，而**帕西瓦爾**則成為隱士過著向神祈禱的生活，一年後離開人世。

有些作品將羅恩格林（⬇一百二十頁）視為其子，不過想要找到聖杯必須保持處子之身，因此羅恩格林並未在《亞瑟之死》中登場。

帕特里斯
Sir Patrise

愛爾蘭的騎士。誤食**皮尼爾**用來暗殺**高文**的毒蘋果，最後毒發身亡。起初桂妮薇兒遭人誤解為兇手，所幸湖中仙女來到宮廷揭露真相。

沛里亞斯
Sir Pelleas

湖中仙女（⬇十四頁）的情人。

沛里亞斯原本愛慕美麗的貴婦愛妲德（Ettarde），但是愛妲德很討厭他，對他很過分。後來路過的湖中仙女施了魔法，讓愛妲德愛上**沛里亞斯**，而**沛里亞斯**則討厭愛妲德。最後愛妲德反省自己過去的行為陷入絕望，**沛里亞斯**則和湖中仙女結為連理。

由於湖中仙女不准**沛里亞斯**參與危險的戰爭，因此他並未捲入**亞瑟王**的國家紛爭，得以安享天年。

培里諾王
King Pellinore

英格蘭北部的諾森伯蘭，或是里斯提諾伊斯（Listenoise）的國王。**帕西瓦爾**和**拉莫拉克**的父親。

他在湖邊紮營偷襲路過的騎士時，曾與**亞瑟王**交手過。當時他展現實力打斷了**亞瑟王**的劍，最後因魔法師梅林從旁干預而敗北。

另外，他還背負尋找「咆哮怪獸」的使命。他死後由**帕拉米斯**接替這項任務。

培里諾王曾急著去冒險而不理會求助的女孩。但女孩其實是他的親生女兒，梅林因而預言他：「將會遭朋友捨棄而死。」

最後他殺了洛特王，而遭到**高文**等洛特王之子殺害，不過作品裡並未提到詳情。

帕桑特
Sir Persaunte

自稱藍騎士的騎士。他還有佩拉德（Perarde）、帕索雷普（Pertolepe）、培里蒙茲（Perimones）三個兄弟，三人自稱為黑、綠、紅騎士。不過四兄弟跟**賈列斯**單挑，全都戰敗。

之後在**賈列斯**的命令下歸順**亞瑟王**，除了遭**賈列斯**殺害的佩拉德外，其餘三人都成為圓桌騎士。

帕索雷普和培里蒙茲則在**蘭斯洛特**到刑場解救桂妮薇兒時遭其殺害。

佩提派斯
Sir Petipase

來自溫翠西（Winchelsea）的騎士。想治好**奧里**的傷，但沒有成功。

皮尼爾
Sir Pinel

拉莫拉克的表兄弟。

因**高文**兄弟殺害**拉莫拉克**而怨恨**高文**，企圖以毒蘋果殺死他。結果毒蘋果被愛爾蘭騎士**帕特里斯**吃掉而暗殺失敗，事跡敗露後隨即逃亡。

普雷諾利厄斯
Sir Plenorius

守護薩魯斯國堡壘的六兄弟之一。連續迎擊來到堡壘的**布魯諾**與**蘭斯洛特**，結果打贏**布魯諾**，敗給了**蘭斯洛特**。戰鬥後歸順**蘭斯洛特**，成為圓桌騎士的一員。

普利安斯
Sir Priams

擁有亞歷山大大帝與希臘神話英雄赫克特等偉人血統。原是臣服於羅馬皇帝的伊斯蘭教徒。持有以樂園的流水製成的萬用療傷藥。

他在**亞瑟王**與羅馬皇帝間的戰爭結束後遇到**高文**，雙方打了起來。後來他向**高文**投降，並改信基督教。成為圓桌騎士後受封為洛林（法國東北部）的領主。

負責護衛因通姦罪判處火刑的桂妮薇兒，最後遭到前來拯救王后的**蘭斯洛特**殺害。

薩德克
Sir Sadok

愛德華的兄弟，**高文**的表兄弟。

曾參加在洛尼傑普城舉辦的比武大會，把北威爾斯國王打下馬來。

亞瑟王與**蘭斯洛特**敵對時加入**蘭斯洛特**的陣營，在法蘭西擁有領地。

沙菲爾
Sir Safir

帕拉米斯的弟弟。

亞瑟王與**蘭斯洛特**敵對時加入**蘭斯洛特**的陣營，在法蘭西擁有領地。

薩格拉摩
Sir Sagremor

圓桌騎士之一。為東歐匈牙利的王子，擁有拜占庭帝國（東方基督教國家）皇室的血統。妹妹克蕾爾（Claire）遭巨人們抓走時，是**甘格蘭**救了她。

此外，當**賽格瓦力德斯**的妻子被**布雷歐貝里斯**帶走時，他與追上來的**崔斯坦**交手卻戰敗。

賽格瓦力德斯
Sir Segwarides

帕拉米斯和**沙菲爾**的弟弟。

曾因**崔斯坦**與妻子偷情而跟他決鬥，結果一下子就戰敗。之後與**崔斯坦**達成和解。

賽格瓦力德斯跟**崔斯坦**、**拉莫拉克**一同對抗巨人尼波（Nabon），解放其治理的薩維吉島（Servage）後成為新的統治者。

負責護衛因通姦罪判處火刑的桂妮薇兒，最後遭到前來拯救王后的**蘭斯洛特**殺害。

謝利瑟斯
Sir Selises

在文中稱為「悲痛之塔的謝利瑟斯」。想治好**奧里**的傷但沒有成功。

賽瓦拉斯・勒・布魯斯
Sir Servaus le Breuse

有怪力騎士之稱。不過他只跟龍、巨人或野獸對戰，無意與人類交手。

想治好**奧里**的傷，但沒有成功。

托爾
Sir Tor

培里諾王與羊農之妻所生之子。以羊農之子的身分養大，在**亞瑟王**與桂妮薇兒舉辦婚禮時，由**亞瑟王**冊封為騎士，成為圓桌騎士的一員。

負責護衛因通姦罪判處火刑的桂妮薇兒，最後遭到前來拯救王后的**蘭斯洛特**殺害。

崔斯坦
Sir Tristan

萊恩尼斯（虛構的國家）國王里瓦林（Rivalen）的兒子。圓桌騎士最強成員之一。

愛上叔父康瓦爾（英格蘭西南部）國王馬克之妻依索德，為這段禁忌之戀所苦。

➡三十四頁

烏爾菲斯
Sir Ulfius

自**亞瑟王**的父親烏瑟·潘德拉剛在位時就在宮廷任職的騎士。當初就是由他拜託魔法師梅林，讓烏瑟跟大貴族戈爾羅斯之妻伊格蓮共度一夜。**亞瑟**登基後便成為他的侍從。

尤里恩斯王
King Uriens

高盧國王，亦是**亞瑟王**同母異父姊姊莫根勒菲的丈夫。

奧里
Sir Urre

出身東歐匈牙利。打贏西班牙騎士奧菲厄斯（Alphegus），卻受傷遭到詛咒：「須由世上最傑出的騎士檢查傷勢才會痊癒。」為了尋找符合條件的騎士而來**亞瑟王**的宮廷。

當時有一百一十位圓桌騎士前來挑戰，不過大家都失敗了，最後是**蘭斯洛特**治好了他的傷勢。事後**奧里**就成為圓桌騎士的一員。

亞瑟王與**蘭斯洛特**敵對時加入**蘭斯洛特**的陣營，在法蘭西擁有領地。

尤溫
Uwain

尤里恩斯王與**亞瑟王**同母異父姊姊莫根勒菲所生的兒子。與**高文**兄弟、**莫瑞德**是表兄弟。

莫根勒菲以魔法盜取**亞瑟王**的名劍艾克斯卡利巴後，也打算暗殺自己的丈夫**尤里恩斯王**。**尤溫**接獲侍女通知趕緊介入，才防止**尤里恩斯王**遭到殺害。

尤溫雖然生氣，卻沒有殺了母親莫根勒菲。結果她為了躲避**亞瑟王**的追蹤而躲在自己的城堡，並把艾克斯卡利巴的劍鞘扔進湖裡。

另一方面，母親的作為卻害**尤溫**被逐出**亞瑟王**的宮廷，但跟他感情很好的表兄弟**高文**提出同行的要求，二人便一起啟程冒險了一年左右。之後重返**亞瑟王**的宮廷。

維拉茲
Sir Villars

有「威爾斯的勇者」之稱。在**亞瑟王**與羅馬皇帝交戰期間表現出色。**亞瑟王**與**蘭斯洛特**敵對時加入**蘭斯洛特**的陣營，在法蘭西擁有領地。

騎士團小事典

本小事典介紹的是，由歐洲各國國王或貴族創設的、實際存在於歷史上的騎士團。

聖斯德望騎士團
Holy Military Order of Saint Stephen Pope and Martyr

統治義大利中部佛羅倫斯共和國（今托斯卡尼區）的麥地奇家族的家主——柯西莫大公（Cosimo de'Medici）於一五六一年創立該團。

創立目的是防止伊斯蘭教徒的海盜船妨礙他們貿易。柯西莫大公身兼騎士團總長與後援者，總部則設置在比薩（義大利西部城市）。

聖斯德望騎士團曾協助聖約翰騎士團（➡二百三十五頁）的後身——馬爾他騎士團巡視地中海，也參與過一五七一年的勒班陀海戰（基督教徒軍隊擊敗隸屬伊斯蘭教勢力的鄂圖曼帝國軍隊）。這場勝戰使聖斯德望騎士團得以阻止鄂圖曼帝國前進地中海。

順帶一提，有紀錄顯示一五八二年日本派遣到歐洲的天正遣歐少年使節團，曾在造訪佛羅倫斯時參觀過聖斯德望騎士團的武器庫。

利沃尼亞帶劍騎士團
Livonian Brothers of the Sword

為使分布在北歐波羅的海沿岸利沃尼亞（今拉脫維亞至愛沙尼亞之間的地區）的異教徒改信基督教，熙篤會（基督教修道會的一派）主教艾伯特（Albert）於一二〇二年創設這個騎士團。

騎士團成員都身披有紅劍與十字圖案的白色斗篷，因此又稱為刀劍騎士修道會。

初期是由參與過十字軍，並在艾伯特邀請下來到北歐的士兵所組成。

在艾伯特主教與騎士們的努力下，利沃尼亞幾乎都被攻陷，北部的愛沙尼亞也被征服了將近一半。但是，利沃尼亞帶劍騎士團不只強迫居民改信基督教，還過度壓榨人民，甚至要把征服的土地當成騎士團的領土。

其殘忍行徑連教宗所在的羅馬都頭痛，然而騎士團不僅無視教宗的勸告，還將教宗派遣的特使抓起來。騎士團的惡評傳遍整個歐洲，最後利沃尼亞帶劍騎士團就遭到孤立了。

本來騎士團想藉著跟德意志騎士團（➡二百四十一頁）合作來突破僵局，卻在一二三六年慘敗給立陶宛（當時還不是基督教國家）的軍隊，團長及大部分的團員都戰死了。

最後，利沃尼亞帶劍騎士團就在翌年一二三七年被德意志騎士團吸收，重新編制成德意志騎士團的分支，更名為利沃尼亞騎士團。

馬爾他騎士團
Sovereign Military Order of Malta

➡聖約翰騎士團，二百三十五頁。

阿卡的聖湯瑪士騎士修道會
The Hospitallers of Saint Thomas of Canterbury at Acre

據說這個騎士團起源於一一八九年至一一九一年，第三次十字軍東征（➡二百三十五頁）圍攻阿卡當時，一位從軍的英格蘭神父照顧傷病患的善舉。

阿卡被攻陷後，十字軍得到海運的據點，這位神父則設立了醫護所。後來他們得到英格蘭貴族的援助，「阿卡的聖湯瑪士騎士修道會」的名聲才流傳開來。

但由於重心放在醫護而非軍務，這個騎士團算是小規模的組織。

一二九一年基督教徒失去耶路撒冷周邊的領土後，騎士團分裂成二派，各以塞普勒斯島（土耳其南方的島嶼）與倫敦為據點勉強繼續醫護活動，直到十六世紀初才解散。

聖傑納羅騎士團
The Illustrious Royal Order of Saint Januarius

統治義大利半島南部的那不勒斯王國與西西里王國的國王——波旁家族的卡洛斯三世（Carlos III）在一七三八年創設這個騎士團。

另外，聖傑納羅（拉丁語讀做「Januarius」，「Gennaro」則為義大利語讀法）是四世紀遭羅馬帝國迫害而殉教的人物，亦是那不勒斯的主保聖人。

聖約翰騎士團
The Knights Hospitaller

聖約翰騎士團的起源，據說是十一世紀前半葉，來自阿瑪菲（Amalfi，南義大利的城市）的商人在耶路撒冷市內興建醫院，以做為朝聖者的落腳處。這家醫院的主保聖人是為耶穌施洗的聖約翰，於是就以他做為騎士團的名稱。

一〇九九年第一次十字軍東征圍攻耶路撒冷時，基督教徒杰拉德（Gerard）從城牆內部接應十字軍，為勝戰貢獻心力，而他就是這家醫院的管理者。十字軍占領耶路撒冷後，便給予聖約翰醫院和杰拉德數種特權。

醫院獲得教宗帕斯卡爾二世（Paschal II）的認可成為修道會，不久就開始儲備武力，帶有軍事色彩。不過他們並未失去當初的設立宗旨，即使是騎士階級出身的修道士，平常也有義務協助醫護工作。

聖約翰騎士團與同時期成立的聖殿騎士團（➡二百三十六頁）皆為防衛耶路撒冷的主力。然而雙方的關係越漸險惡，還曾發生互搶堡壘與殺傷事件。

一二九一年基督教徒徹底喪失耶路撒冷周邊領土後，騎士團成員便逃到地中海。一三〇九年他們占領隸屬東羅馬帝國的羅得島（位於愛琴海南部，今為希臘領土），以這裡為根據地。之後，他們就更名為羅得騎士團。

不久，聖殿騎士團遭法王腓力四世解散，羅得騎士團因而成為對抗伊斯蘭教徒的最大騎士修道會。由於羅得島亦是對抗土耳其的重要據點，騎士團常駐此地的意義相當重大。

羅得騎士團與持續擴張的鄂圖曼帝國發生數次激戰。騎士團二度擊退鄂圖曼帝國軍隊，但一五二二年大軍第三次來襲，他們只好拱手讓出羅得島。

之後在教宗克雷曼七世（Clement VII）與神聖羅馬帝國皇帝卡爾五世的斡旋下，騎士團租借位在地中海中央的馬爾他島做為根據地，繼續與鄂圖曼帝國進行海戰與貿易。日後就更名為馬爾他騎士團。

一七九八年法國拿破崙占領馬爾他島後，總部便遷移至羅馬。

目前騎士團被視為擁有主權但沒有領土的組織，亦有不少國家與之建立外交（日本不承認其存在）。在聯合國也享有觀察員的地位。

羅得騎士團
The Knights of Rhodes

➡聖約翰騎士團，二百三十五頁。

聖殿騎士團
The Knights Templar

一〇九九年第一次十字軍東征占領耶路撒冷後，基督教徒在中東建立耶路撒冷王國，但由於參與十字軍的人們幾乎回國了，聖地的防衛處於相當不穩定的狀態。

法蘭西貴族雨果・德・派揚（Hugues de Payens）擔憂這點，於是以他為中心設立聖殿騎士團，保護前來聖地巡禮的人們。耶路撒冷國王鮑德溫二世（Baldwin II）提供所羅門王（舊約聖經裡的猶太人國王）以前建造的神殿遺跡做為騎士團的宿舍，因此才被稱為「聖殿」騎士團。

當時歐洲有不少貴族想為聖地做些貢獻，聖殿騎士團因而獲得許多捐獻。除了耶路撒冷周邊外，巔峰時期他們在法國等地還擁有近九千座莊園。此外，教宗還給與他們免稅與政治獨立等各種特權。

騎士團除了具備修道會與軍事組織的功能，在金融業方面也對各國有很大的影響力。有段期間騎士團被稱為法國王室的金庫，法王遭俘虜時還曾向他們借錢以支付贖金。不過熱衷商業活動的騎士團亦遭受不少批判。

相對於經濟上的發展，耶路撒冷周邊的情勢仍不穩定。第二次十字軍東征失敗後，伊斯蘭教勢力的首領薩拉丁（Saladin）在一一八七年攻陷耶路撒冷。當時團長杰拉德在與薩拉丁交戰時遭到俘虜，後來不知為何只有他一人獲得釋放，因此有流言說他偷偷改信伊斯蘭教。

之後基督教勢力仍堅守耶路撒冷周圍，不過第七次十字軍東征後的一二九一年他們徹底失去聖地周邊的土地。騎士團喪失了防衛聖地的存在意義，但是他們仍保有特權與龐大的財產，因此並未停止活動。

後來，為財政所苦的法王腓力四世（美男子腓力）沒收騎士團的資產納入法國國庫，並於一三〇七年逮捕國內所有的騎士團成員。

騎士團成員被控訴的罪名為「異端（崇拜惡魔或同性性行為）」。這是因為審問異端時，匿名證詞與拷問都是受到承認的。三十六名騎士死於名為盤問的拷問，剩下的騎士最後也遭處火刑。

不過，其他國家並未追隨腓力四世的行動，不在法國國內的騎士都安然無恙。教宗發布解散命令後，剩下的騎士們便加入各地的騎士團。

審判過了一個月後，對騎士團成員見死不救的教宗便去世了，八個月後腓力四世也駕崩了，因此有傳聞說，團長雅克·德·莫萊（Jacques de Molay）在遭受火刑時曾立下詛咒：「我會讓你們在半年之內到上帝面前承認自己的罪行。」

艾維茲騎士團 The Military Order of Aviz

在進行復地運動（⬇一百三十五頁）的伊比利半島上，葡萄牙中南部自十二世紀起就由聖瑪利亞騎士團負責守備。這個小集團為尋求大騎士團的庇護，最後附屬在同樣位於伊比利半島上的卡拉特拉瓦騎士團（⬇二百四十二頁）之下。後來葡萄牙國王把葡萄牙中部的艾維茲賜給他們當做騎士團領地，於是更名為艾維茲騎士團。

十三世紀初，卡拉特拉瓦騎士團將葡萄牙國內的資產轉讓給艾維茲騎士團，因此實質上艾維茲騎士團已是獨立的組織。不過勢力在十四世紀就衰退了。

目前則變成葡萄牙的勳章，由葡萄牙總統擔任騎士團長。

基督騎士團
The Military Order of Christ

法王腓力四世（Philippe IV）與教宗於一三一九年解散第一次十字軍東征後為防衛耶路撒冷而設立的聖殿騎士團（➡二百三十六頁）。

聖殿騎士團在歐洲各地都有領土與團員，解散之後葡萄牙國王狄尼斯一世（Diniz I）便以國內的團員組成基督騎士團。當時復地運動（驅逐伊比利半島上的伊斯蘭教徒）早已結束，但之後又有一股新的伊斯蘭教勢力興起，葡萄牙國王才會組織騎士團抵禦來自海上的威脅。

大航海時代初期的重要人物之一——葡萄牙王子恩里克（Henrique）亦擔任基督騎士團的團長。恩里克王子為了前進海外，充分運用了騎士團「普及基督教」的名義以及龐大的資產。開闢歐洲至非洲航路的探險家達伽馬（Vasco da Gama）也是基督騎士團的騎士。

現在則變成葡萄牙的勳章之一，團長由葡萄牙總統擔任。

希索騎士團
The Most Ancient and Noble Order of the Thistle

「希索」指的就是薊，因此又稱為薊花騎士團。

騎士團的歷史很悠久，起源自八〇九年蘇格蘭國王阿查斯（Achaius）組成的聖安德烈騎士團。

聖安德烈是基督十二門徒之一，為蘇格蘭的主保聖人，而蘇格蘭國旗的藍底白色斜十字則稱為「聖安德烈十字」。

此外，做為騎士團名稱的薊花是廣泛生長於蘇格蘭的植物，自十五世紀起就當成貨幣的圖案，十五世紀則由蘇格蘭國王詹姆士三世（James III）定為國花。

之後，希索騎士團就在蘇格蘭國王詹姆士五世（James V）時成立。一六八七年，英格蘭國王詹姆士二世（James II）兼任蘇格蘭國王，將這個騎士團與聖安德烈騎士團統合在一起，變成現在的希索騎士團。

騎士團曾在詹姆士二世因光榮革命而被逐出國外時解散，一七〇三年才由繼位者安妮女王（Queen Anne，詹姆士二世之女）恢復運作。

目前是英國地位第二高的勳章。不過，地位最高的嘉德勳章亦授予外國的君主，而希索勳章原則上只頒給蘇格蘭人或其血親。

聖米迦勒及聖喬治騎士團
The Most Distinguished Order of Saint Michael and Saint George

喬治王太子（後來的英格蘭國王喬治四世）在英格蘭擔任父王的攝政時，於一八一八年設立。

幾年前的維也納會議（為解決法國拿破崙失勢後歐洲所面臨的秩序問題），把愛奧尼亞群島（位於希臘西部的愛奧尼亞海上）與馬爾他島（位於義大利南部西西里島的西方）列為英國的保護國。喬治王太子為紀念此事而設立騎士團，用來表彰當地的島民。

至於聖米迦勒（天使米迦勒）與聖喬治都是軍人的主保聖人。

這些島嶼現在已不是英國的領土，不過騎士團仍保留下來，變成以英國和各國外交官為對象的勳章。

巴斯騎士團
The Most Honourable Military Order of the Bath

一三九九年，英格蘭國王亨利四世舉行加冕儀式時所創。

當時四十六名受封騎士的男性皆沐浴淨身後才冊封，因而得名「巴斯（沐浴）騎士團」。之後巴斯騎士團的成員就固定在國王的加冕儀式等盛大慶祝場合上重新受勳。

巴斯騎士團持續二百六十年左右，直到一六八八年發生英格蘭國王遭放逐的光榮革命後才中斷活動。

十八世紀以後重新恢復，主要是賜給高階軍人的勳章。

伊藤博文是首位獲英國頒贈巴斯勳章的日本人。之後，獲得國外勳章一事就成為日本皇族與政治家外交工作的一環。

聖派翠克騎士團
The Most Illustrious Order of Saint Patrick

英格蘭國王喬治三世（George III）以愛爾蘭的貴族及有功者為對象，於一七八三年創設該團。

一般認為喬治三世是為了回報愛爾蘭議會的支持，才設立騎士團賜予愛爾蘭有力人士榮譽。

另外，騎士團的名稱「聖派翠克」，是五世紀於愛爾蘭推廣基督教的人物，亦是愛爾蘭的主保聖人。英國國旗上的白邊紅色斜十字，就稱為「聖派翠克十字」。

這個騎士團成立十八年後，愛爾蘭就正式與英國合併（➡一百六十七頁）。不過，後來英格蘭與愛爾蘭的關係惡化，一九二二年英格蘭政府給予愛爾蘭自治權時，也停止授予這個騎士團的勳位。

目前在英國地位僅次嘉德勳章和希索勳章，但由於在愛爾蘭自由邦成立前受動的人們都已不在人世，現在已無人持有這個勳章。

嘉德騎士團
The Most Noble Order of the Garter

英格蘭國王愛德華三世對騎士文學非常著迷。他從騎士文學（尤其是亞瑟王傳奇的圓桌騎士）得到靈感，於一三四八年創立騎士團。

創立之初，團員有愛德華三世自己和長子黑王子愛德華，之後菲莉帕王后（➡一百五十四頁）也成為第一位女性團員。

騎士團的象徵「嘉德」，其實是用來固定女性襪子的吊襪帶，本來是跟騎士沒什麼關聯的東西。

之所以用吊襪帶做為勳章，傳說是愛德華三世在舞會上，與當時的絕世美女瓊安（Joan）跳舞時，瓊安的吊襪帶不小心掉在地上。在那個時代，讓人看到自己的吊襪帶就跟脫下內褲一樣，是最丟臉的失禮行為。然而愛德華三世並未責罵瓊安，反而撿起吊襪帶裝在自己的腳上，並告誡眾人「心懷邪念者蒙羞」。

這句話至今仍是騎士團的格言，團員習慣將吊襪帶形狀的勳章別在左腳上。至於女性則是別在左手上。

起初授勳的對象只有王族與英格蘭國內的騎士，後來外國的王族也能成為團員。

目前則是英國地位最高的勳章，亦運用在跟各國王族的外交上。明治天皇曾在英日同盟後的一九〇六年受動，之後的歷代天皇也都有獲頒勳章。這是非基督教國家的君主受動的唯一實例。

阿爾坎塔拉騎士團
The Order of Alcántara

在伊比利半島進行復地運動的十二世紀後半葉，雷昂王國（曾位於今西班牙西北部的國家）與卡斯提亞王國（今西班牙中部）的國境地帶，是由聖朱利安・德・沛雷羅騎士團（Knights of St. Julian de Pereiro）這個小集團負責守備。他們尋求強大組織做為後盾，於是在一一八七年加入同在伊比利半島上的卡拉特拉瓦騎士團。十三世紀初，雷昂國王賜給他們阿爾坎塔拉（今西班牙西部）的土地，之後就更名為阿爾坎塔拉騎士團。

由於卡拉特拉瓦騎士團將雷昂王國裡的資產全讓渡給阿爾坎塔拉騎士團，使該團變成卡拉特拉瓦騎士團底下獨立性頗高的組織。

但之後，騎士團漸漸落入西班牙國王的掌控，一四九四年末任團長去世後，團長的位子就改由西班牙國王管理，騎士團也失去獨立性。

亞歷山大・涅夫斯基騎士團
The Order of Alexander Nevsky

由俄羅斯女皇凱薩琳一世（Catherine I）於一七二五年創立。

亞歷山大・涅夫斯基，是有「中古時期俄羅斯英雄」之稱的武人，曾在對抗德意志騎士團（➡二百四十一頁）的戰鬥中聲名大噪。

皇室會給予騎士團成員年金等優渥的待遇。

德意志騎士團
The Order of Brothers of the German House of Saint Mary in Jerusalem

別名「條頓騎士團」。前身是為了參與十字軍的德意志士兵，而設置在以色列地區的醫院團體，十字軍被伊斯蘭教徒趕出耶路撒冷後，便轉為戰鬥集團騎士修道會。

一二一〇年受到東歐匈牙利國王安德烈二世（Andrew II）的招聘後，德意志騎士團就將據點轉移到匈牙利境內，負責抵禦周圍的異教徒。騎士團因而決定走「討伐異教徒」的路線。

第四代團長赫爾曼希望能在匈牙利擁有騎士團專屬的領土，結果卻激怒安德烈二世而被趕出匈牙利。

失去根據地後，德意志騎士團接著受僱於波蘭的大貴族，幫忙抵禦在歐洲北部波羅的海沿岸的異教徒。於是他們就趁這個機會，征服異教徒的土地普魯士（波羅的海沿岸的東南部）。

德意志騎士團很快地攻下周邊城鎮一步步擴大領地。一二二六年，普魯士這塊土地正式成為騎士團的領土，騎士團國家就此誕生。

異教徒若不答應改信基督教就會遭到無情屠殺，因此十四世紀時普魯士的原住民文化幾乎消滅殆盡。騎士團猶如享受「狩獵人類」的運動般，帶著來自歐洲各地的貴族子弟四處征戰。

此外，大批德意志平民移居普魯士地區，因此商業方面也有所發展，使國勢在十四世紀達到巔峰。

厭惡騎士團強權統治的當地貴族與居民，紛紛在南方大國波蘭的庇護下對抗德意志騎士團。此外，普魯士東方的異教徒國家立陶宛，多年來不斷與德意志騎士團交戰，結果卻在一三八五年改信基督教，而波蘭女王與立陶宛國王結婚後成立聯合王國。立陶宛的改教，使德意志騎士團「讓波羅的海周邊的異教徒改信基督教」的存在意義變得岌岌可危。

強大的波蘭・立陶宛聯合軍隊壓制住德意志騎士團，十五世紀後半葉騎士團大半的領土都被搶走了。一五二五年成立普魯士公國後，德意志騎士團的國家就滅亡了。

卡拉特拉瓦騎士團
The Order of Calatrava

在伊比利半島進行復地運動的十二世紀後半葉，卡斯提亞（今西班牙中部）國王桑喬三世（Sancho III）發出告示，要將卡拉特拉瓦要塞（位於跟伊斯蘭教勢力相接的國境地帶）與該塊土地讓渡給有意維護這座要塞的人。

回應國王的，是當時頗具勢力的熙篤會（Cistercians，基督教的支派）修道院長。這群以卡拉特拉瓦城塞為居的修士，在戰場上化身為騎士英勇作戰而聲名遠播。

儘管一度在對抗摩爾人（北非的伊斯蘭教徒）的戰爭中被迫放棄卡拉特拉瓦要塞，最後仍成為伊比利半島上屈指可數的戰鬥集團。卻也因此招致國王與騎士團的對立，王室開始介入騎士團的營運，並企圖掌控整個騎士團。

一四八七年團長戰死於格拉納達戰役後，卡拉特拉瓦騎士團就歸國王管理，喪失政治上的自治權。不久伊比利半島上伊斯蘭教勢力的領地全被攻陷，曾是騎士團存在意義的復地運動也宣告結束。

卡爾十三騎士團
The Order of Charles XIII

瑞典國王卡爾十三於一八一一年以自己的名字創設騎士團。

卡爾十三是共濟會的成員。共濟會是著名的祕密社團，目前會員多達數百萬人，但是成立的經過至今仍然不詳。

總而言之，這個騎士團僅限新教徒與共濟會的會員加入。

德布金騎士團
The Order of Dobrzyń

為對抗分布在波蘭北方的普魯士（波羅的海沿岸東南部）異教徒，波蘭國王孔拉德一世（Konrad I）在一二二八年設立這個騎士團。名稱則源自於根據地德布金（今波蘭西南部的城市）。

不過，由於成立時期很晚，規模也不大，騎士團幾乎沒有達成當初的設立目的。後來波蘭選擇招聘德意志騎士團（➡二百四十一頁）對抗異教徒，沒想到卻導致德意志騎士團統治普魯士，乃至波蘭與德意志騎士團相爭的結果。

愚者騎士團
The Order of Fools

克雷布斯（Cleves，今德國中部）伯爵阿道夫（Adolf）於一三八〇年創設這個騎士團。

遺憾的是，與名稱由來有關的資料並沒有流傳下來。

菲士蘭或皇冠騎士團
The Order of Friesland, or of the Crown

菲士蘭（今丹麥至荷蘭的沿岸地區）人在戰場上提供法蘭克國王查理曼（⬇四十六頁）很大的幫助。

查理曼為了報答他們，於是在八〇二年成立以皇冠為象徵的騎士團讓他們加入，以表彰菲士蘭人。

耶穌與瑪利亞騎士團
The Order of Jesus and Mary

羅馬教宗保羅五世（Paul V）於一六一五年創設的騎士團。

功能為守備教宗與教會的土地免於異教徒侵犯。

長襪騎士團
The Order of La Calza, or the Stocking

創設時間有七三七年與一四〇〇年以後二種說法。團員為歐洲的高階貴族，總部設在義大利威尼斯。

團員總是一腳穿著有刺繡的長襪，另一腳則穿素色長襪。

里奧波德騎士團
The Order of Leopold

奧地利皇帝法蘭茲一世（Francis I）於一〇八〇年創設該團。目的是表彰有功者，授勳對象不分身分。

露依莎騎士團
The Order of Louisa

一八一四年在普魯士王國（曾位於今德國北部至波蘭西部的國家）創立的騎士團。目的是表彰在軍事醫院工作的女性。

瑪麗亞·特蕾莎騎士團
The Order of Maria Theresa

一七五七年，奧地利女皇瑪麗亞·特蕾莎以她的名字創立該團。

團長則由奧地利皇帝擔任。

蒙特沙騎士團
The Order of Montesa

聖殿騎士團（⬇二百三十六頁）在一三一二年遭法王腓力四世與教宗解散後，亞拉岡（今西班牙東部）人便取而代之，在十四世紀前半葉成立這個騎士團。

由於總部設在瓦倫西亞（今西班牙東部）的城鎮蒙特沙，騎士團便以此為名。

創設之初成員以卡拉特拉瓦騎士團（⬇二百四十二頁）出身的騎士為主，後來也吸收了其他騎士團的騎士，如分布在伊比利半島上的聖母贖虜會（⬇二百四十八頁），以及阿爾法瑪的聖喬治騎士團（⬇二百四十五頁）。末任團長於一五八九年去世，騎士團也因此解散。

蒙特酉聖母騎士團
The Order of Mountjoy

前聖地牙哥騎士團（⬇二百四十七頁）成員——西班牙人羅德利哥伯爵（Rodrigo）於一一七六年在耶路撒冷創立這個騎士團。

騎士團總部設在耶路撒冷郊外的蒙特酉城，故以此命名。

大部分的主力騎士都在一一八七年，對抗薩拉丁（伊斯蘭教勢力的首領，驍勇善戰，與十字軍交戰數次）率領的伊斯蘭教勢力時戰死，剩下的騎士不是轉往聖殿騎士團，就是撤退到亞拉岡（今西班牙東部）。

後者在亞拉岡國王的命令下，於一二二一年併入卡拉特拉瓦騎士團。

我等慈悲淑女騎士團
The Order of Our Lady of Mercy

亞拉岡（今西班牙東部）國王海梅一世（James I）曾在法蘭西遭到俘虜，後來才獲得釋放。這段艱辛的經歷，使他下定決心解救那些遭伊斯蘭教徒抓住淪為奴隸的基督教徒，而於一二一八年在巴塞隆納（今西班牙東部地區）創設騎士團。團員就利用各地的捐款把基督教徒奴隸買回來。據說成立後的六年內解放了四百名奴隸。

後來因為騎士團發生內部糾紛，團員便轉移到蒙沙特騎士團與其他修道會。

聖安德烈騎士團
The Order of Saint Andrew the Apostle the First-Called

俄羅斯帝國彼得大帝（Peter）於一六九八年創立的騎士團。

騎士團的名稱取自俄羅斯的主保聖人，耶穌的十二門徒之一——聖安德烈。

一九一七年，列寧率領的共產黨布爾什維克（Bolsheviks）殺害俄羅斯皇帝一家、推翻帝政，這個騎士團也於當時廢除。

之後在一九九八年，由俄羅斯總統葉爾辛（Boris Yeltsin）恢復運作，目前變成俄羅斯聯邦的最高勳章。

聖安妮騎士團
The Order of Saint Ann

神聖羅馬帝國皇帝與巴伐利亞（今德國南部巴伐利亞邦）選帝侯馬克西米利安三世死後，其遺孀瑪利亞・安娜・索菲於一七八四年創立這個騎士團。

僅限身分較高的單身女性入團，

目的似乎是當成她們的社交場所。

另外，聖安妮是指聖母瑪利亞的母親（耶穌的外婆）。

斐迪南騎士團
The Order of Saint Ferdinand and of Merit

兩西西里王國（義大利南部的那不勒斯王國與西西里王國統一而成）國王斐迪南三世（Ferdinand III）於一八〇〇年創立這個騎士團。

斐迪南三世曾受到英格蘭海軍提督納爾遜（Nelson）的救助，事實上這個騎士團就是為了款待納爾遜而成立的。騎士團設立後，納爾遜立刻獲得最高階的地位。

聖喬治騎士團
The Order of Saint George

哈布斯堡家族（⬇二百零三頁）首位被選為德意志國王（雖然是神聖羅馬帝國的君主，但是並未正式加冕為皇帝）的家主魯道夫一世（Rudolf I），為保護邊境免於土耳其伊斯蘭教勢力的侵擾，於是設立這個騎士團。

團長則由王太子擔任。

阿爾法瑪的聖喬治騎士團
The Order of Saint George of Alfama

一二〇〇年於亞拉岡（今西班牙東部）設立的騎士團，成員以西班牙人為主。規模並不大，直到十五世紀都保有獨立性。

聖亨利騎士團
The Order of Saint Henry

一七三九年，波蘭國王奧古斯特三世（Augustus III）設立該團。

聖雅各騎士團
The Order of Saint James of Altopascio

有一說，聖雅各騎士團是最古老的修道士騎士團。根據九五二年的紀錄，有人在阿爾托帕丘（Altopascio，今義大利中部）建立醫護所保護朝聖者，這就是騎士團的前身。為了護衛路途充滿危險的朝聖者，修道會很快就儲備好武力，到了十一世紀中葉已成為實質的軍事組織。

管理騎士團的醫護所在歐洲各地都有設置分部，不過隨著聖地巡禮的熱潮消退，騎士團的勢力也跟著衰退了。

十五世紀，義大利望族卡波尼家族（Capponi Family）掌握了騎士團的實權。一五八七年，在統治佛羅倫斯的望族——麥地奇家族的托斯卡尼大公柯西莫一世的命令下，騎士團被聖斯德望騎士團吸收。

聖拉撒路騎士團
The Order of Saint Lazarus

聖拉撒路騎士團是繼聖約翰騎士團與聖殿騎士團後，第三個在耶路撒冷創立的騎士團。

前身為治療痲瘋病（一種傳染病。由於皮膚會出現斑點、腫瘤、變色等症狀，自古以來患者皆備受歧視）患者的醫院，十一世紀末轉為騎士團後仍繼續為痲瘋患者服務。當時還有規定罹患痲瘋病的聖約翰騎士團與聖殿騎士團的團員，必須轉調到聖拉撒路騎士團才行。只不過騎士就算患了痲瘋病，也還是得拿劍上場戰鬥。

一二九一年基督教徒徹底失去耶路撒冷周邊領土後，騎士團便放棄軍事活動，以醫護修道會的形式繼續運作。有段時間變成沒有實體的組織，最後就分裂了。

一部分成員與義大利薩伏依家族的聖莫里斯騎士團（➡二百四十六頁）統合。其他則與法蘭西國王建立的迦密山聖母修道會（The Order of Our Lady of Mount Carmel）統合，重新編制為軍事組織。而迦密山聖母修道會最後也在一七九〇年停止活動。

聖莫里斯騎士團
The Order of Saint Maurice

統治義大利西北部的薩伏依家族亞米德奧八世（Amedeo VIII，之後兼任教宗斐理斯十世〔Felix X〕），在一四三四年設立的騎士團。

聖莫里斯及聖拉撒路騎士團
The Order of Saint Maurice and Saint Lazarus in Savoy

一五七二年，教宗格列哥里十三世（Gregory XIII）統合聖莫里斯騎士團與分裂的聖拉撒路騎士團（➡二百四十六頁）後，在義大利成立的新騎士團。

現在變成義大利的勳章之一。

聖米迦勒之翼騎士團
The Order of Saint Michael of the Wing

當復地運動於伊比利半島上進行得如火如荼時，葡萄牙國王阿方索一世（Afonso I）在一一七一年創立該團。設立原因傳說是阿方索一世軍隊在與穆斯林軍隊交戰時，見到聖米迦勒（天使米迦勒）現身。

除了對抗伊斯蘭教徒外，騎士團也致力於保護寡婦和孤兒。

聖奧拉夫騎士團
The Order of Saint Olaf

挪威國王奧斯卡一世（Oscar II）於一八四七年創立的騎士團。

至今仍是挪威的勳章之一。

聖救世主騎士團
The Order of Saint Saviour

當復地運動於伊比利半島上進行得如火如荼時，亞拉岡（今西班牙東部）國王阿方索一世（Alfonsol）在一一一八年創立這個騎士團。

騎士團繁榮昌盛，領土廣大，但一六六五年就沒落了。

聖斯塔尼斯瓦夫騎士團
The Order of Saint Stanislaus

波蘭國王斯塔尼斯瓦夫（Stanisław）於一七六五年設立。

至於聖斯塔尼斯瓦夫（與前述的國王同名但不同人），則是十一世紀與波蘭國王波列斯瓦夫（Bolesław）對立而遭殺害的主教，亦是波蘭的主保聖人。

之後隨著波蘭領土遭俄羅斯等國瓜分和統治，騎士團現在變成俄羅斯的勳章之一。

聖伊什特萬騎士團
The Order of Saint Stephen of Hungary

奧地利女皇瑪麗亞・特蕾莎同時也是匈牙利的女王。她在一七六四年於匈牙利國內設立了這個騎士團。

騎士團的名稱「聖伊什特萬」是在匈牙利推行基督教的初代國王，後來被列為天主教的聖人。

聖弗拉迪米爾騎士團
The Order of Saint Vladimir

這個騎士團是由俄羅斯女皇凱薩琳二世（Catherine II）創立的，之後又由繼位者保羅一世（Paul I）重新編制。當初設立時授勳對象就不限軍人，而以表彰有功績的市民與科學家為目的。

團名由來的弗拉迪米爾一世是十世紀基輔大公國（曾位於今烏克蘭、白俄羅斯、俄羅斯之間的國家）的統治者，因在國內推行基督教而被列為聖人，又稱為聖弗拉迪米爾。

目前仍是俄羅斯的勳章之一。

聖地牙哥騎士團
The Order of Santiago

聖地牙哥騎士團成立的時間，是在伊比利半島進行復地運動的十二世紀中葉。

同時期成立的騎士團，還有阿爾坎塔拉騎士團與卡拉特拉瓦騎士團。聖地牙哥騎士團的規定比另外二個騎士團寬鬆，團員都是修道士，不過享有特權可以娶妻並持有私人財產（通常修道士是不能這麼做的）。

聖地牙哥騎士團以驍勇善戰馳名，但是騎士團僅限貴族出身者加入，因此團員並不多。這點也強烈反映出國王對於騎士團的經營態度。

還曾發生國王年僅七歲的庶子坐上團長之位，抗議此事的阿爾坎塔拉騎士團長最後遭到殺害的事件。

十五世紀復地運動末期，騎士團為使伊比利半島重返基督教勢力而英勇奮戰，但在一四八五年以後就歸西班牙國王管理，騎士團因此喪失獨立性。

聖米歇爾騎士團
The Order of St. Michel

聖米歇爾（天使米迦勒）自古就是法國的主保聖人。法王路易十一（Louis XI）在一四六九年創立這個冠上天使之名的騎士團。

起初騎士團成員只有三十六人，後來增加至三百人。不過，法王路易十四禁止非貴族血統者別上徽章。

創設之初，騎士團的總部設在法國西部諾曼第的聖米歇爾山（Mont Saint-Michel）。

此外，八世紀時聖米歇爾山設置了禮拜堂，十世紀時建立了修道院。後來成立的騎士團就利用這些建築物活動。

蜜蜂騎士團
The Order of the Bee in France

緬恩（Maine）公爵路易・奧古斯特（Louis Auguste，法王路易十四的庶子）之妻露依絲（Louise）於一七〇三年設立這個騎士團。

路易身為庶子，不僅沒有參與國政的機會，腳還有殘疾。露依絲也很不想結這個婚，只不過她同樣有隻手殘廢，個性又急躁，不受宮廷歡迎。夫妻感情據說相當惡劣。

露依絲離開令她不自在的宮廷後，就在自己的城堡裡舉辦小型沙龍，且喜歡以「女王蜂」自稱。後來她創立蜜蜂騎士團，透過擔任團長一職來滿足她的自尊心。

露依絲的騎士團還有個特色，就是無論男女皆可入團。

後來緬恩公爵夫婦企圖擊垮政敵，卻在實行前東窗事發而遭到幽禁。不過獲釋後夫妻的感情也變好了，二人平靜地度過晚年。

黑鷹騎士團
The Order of the Black Eagle

普魯士（曾位於今德國北部至波蘭西部的國家）國王腓特烈一世（Friedrich I），於一七〇一年設立這個騎士團。

當做騎士團名稱的老鷹是歐洲常用的圖案，而普魯士的國旗上也畫著黑色老鷹。

聖母贖虜會
The Order of the Blessed Virgin Mary of Mercy

在中古時期，遭異教徒囚禁的人

若付不出贖金就只能成為奴隸。

聖母贖虜會就是為了救出這些身無分文、付不出贖金而變成穆斯林奴隸的基督教徒，而以亞拉岡（今西班牙東部）人為中心於一二一八年成立的修道會。

修道會遵從創設目的，想方設法救出奴隸與被捕的朝聖者，因此很快就發展成具備武力的騎士修道會。

騎士團的規模不算大，頂多只能派遣小部隊到戰場上。

龍騎士團 The Order of the Dragon

匈牙利國王西吉斯蒙德（Sigismund，兼任神聖羅馬帝國皇帝）夫婦於一四〇八年創立這個騎士團。團員為匈牙利貴族與鄰國的有力人士，瓦拉幾亞穿刺公弗拉德（➡一百七十六頁）的父親弗拉德二世也是成員之一。穿刺公弗拉德的「德古拉（小龍公之意）」稱呼就是源自這個騎士團的名稱。

一四三七年西吉斯蒙德去世後騎士團就沒落了。

打倒惡龍騎士團 The Order of the Dragon Overthrown

宗教改革的先驅者——宗教思想家楊．胡斯（Jan Hus），在神聖羅馬帝國皇帝西吉斯蒙德於一四一四年主辦的康士坦茲會議（Council of Constance，天主教教會的最高會議）中遭到定罪而被處決。

以教宗為主的天主教勢力為永保這項功績，便在一四一八年會議結束後創立打倒惡龍騎士團。

麥穗或白貂騎士團 The Order of the Ear of Corn and Ermine

法王法蘭索瓦一世於一三五一年所創。白貂是指特別純白的白鼬毛皮（可參照二百四十九頁）。

大象騎士團 The Order of the Elephant

一四七八年丹麥國王克里斯欽一世（Christian I）之子漢斯（Hans）舉行婚禮時，由國王創設的騎士團。選擇以大象做為象徵的原因不詳。

現在是丹麥地位最高的勳章。

白貂騎士團 The Order of the Ermine

當做騎士團象徵的白貂，其實就是日本人熟悉的動物白鼬。白鼬的毛皮一般用來製作大衣等物品，在歐洲只有純白的冬毛皮可稱為白貂皮（Ermine），相當受到珍惜重視。

一四六三年，那不勒斯（今義大利南部）國王斐迪南一世（Ferdinand

Ⅰ）得知義兄弟想要他的命與王位後，並未懲罰他的義兄弟，反而創立這個騎士團，任命他為最初的騎士。

黃金天使騎士團
The Order of the Golden Angel

現存紀錄中最早的基督教徒騎士團，但是並無實際存在的確切證據。據說三一二年羅馬帝國的君士坦丁一世（Constantinus Ⅰ）在天空中看到天使與十字架的幻影後所設。

金羊毛騎士團
The Order of the Golden Fleece

勃艮第（今法國東部）的善人菲利浦公爵（Philippe Ⅲ），於一四三〇年跟葡萄牙公主伊莎貝拉（Isabella）結婚時設立這個騎士團。

關於名稱的由來眾說紛紜。有人說是跟勃艮第關係深厚的法蘭德斯地區（今比利時至荷蘭之間的地區）因羊毛貿易而繁榮的緣故。還有人說是源自古老傳說，可能是取自希臘神話中英雄伊阿宋（Jason）尋找金色羊毛的故事，或是舊約聖經《士師記》中戰士基甸（Gideon）的故事。

勃艮第公爵家斷後之後，這個騎士團就由公爵家女繼承人瑪利亞的夫家哈布斯堡家族繼承。由於哈布斯堡家族擁有奧地利與西班牙二國的王位，金羊毛騎士團遂成為二國地位最高的騎士團。

位在奧地利的騎士團，於第一次世界大戰後隨著奧匈帝國瓦解而廢除，至於位在西班牙的騎士團至今仍是最高階的勳章。

日本的明治天皇至當代天皇皆獲得西班牙頒發的金羊毛勳章。

此外在創作世界裡，十九世紀法國作家大仲馬所寫的《三劍客》中，亞托斯（➡一百一十頁）也曾獲頒金羊毛勳章。

金獅騎士團
The Order of the Golden Lion

一七七〇年，由黑森方伯（伯爵，在中古時期的德意志是指擁有廣大領地的貴族。➡可參照一百六十一頁）弗瑞德里希二世（Friedrich Ⅱ）設立。

黃金馬刺騎士團
The Order of the Golden Spur

起源據說是由教宗組織的最古老騎士團，不過詳情不明。一五五九年由教宗庇護四世（Pius Ⅳ）重新整頓成立。

一九〇五年調整為教宗頒發的教宗勳章。目前主要頒贈給非天主教國家的君主。

聖靈騎士團
The Order of the Holy Spilit

法王亨利三世（Henri III）為對抗勃艮第公國（今法國東部）的金羊毛騎士團（➡二百五十頁），而在一五七八年創立這個騎士團。

法國躋身歐洲大國之列後，加入這個騎士團被視為相當榮譽的事情。

後來騎士團在法國大革命期間遭到廢棄，王政復辟後又由法王路易十八恢復運作。

鐵十字騎士團
The Order of the Iron Cross

普魯士（曾位於今德國北部至波蘭西部的國家）國王腓特烈·威廉三世（Frederick William III），於一八一三年創設這個騎士團。

鐵皇冠騎士團
The Order of the Iron Crown of Lombardy

倫巴底的鐵皇冠是歐洲最古老的皇冠之一，也曾在九世紀的查理曼（➡四十六頁）加冕儀式上使用過。此外，傳說處決耶穌時所用的釘子（聖釘）就封在內側，因此被認定是聖髑。

這頂鐵皇冠是中古時期義大利王國的王權象徵，一直存放在倫巴底王國（今義大利西北部的倫巴底區）。

十世紀以後，神聖羅馬帝國皇帝通常會兼任義大利國王。按照慣例，皇帝得使用這頂鐵皇冠加冕成為義大利國王。

法國的拿破崙於一八〇四年加冕成為法國皇帝後，翌年一八〇五年就在義大利的米蘭，用這頂歷史悠久的鐵皇冠加冕成為義大利國王。

而拿破崙成為義大利國王後，隨即以皇冠為名創立鐵皇冠騎士團。

忠貞淑女騎士團
The Order of the Ladies Slaves of Virtue

神聖羅馬帝國皇帝斐迪南三世之妻艾雷歐諾菈（Eleonora Gonzaga），在一六六二年創立的騎士團。艾雷歐諾菈是虔誠的天主教徒，設立騎士團是為了展現她的信仰之心。

至聖受胎告知騎士團
The Order of the Most Holy Annunciation

指中古時期在義大利由修道士組成的騎士團，以及其後身由世俗騎士組成的騎士團。

當初創立時稱為「神聖受胎告知騎士團（The Order of The Annunziata）」。「受胎告知」在基督教中，是指天使通知聖母瑪利亞她已懷孕將產下基督一事。

統治義大利西北部的薩伏依家族亞梅迪奧六世（Amadeus VI），在一三六二年設立薩伏依家族的騎士修道會。十六世紀時改為今名，紋章也改為描繪受胎告知的場景。

十九世紀前半葉至中葉，義大利半島各國以薩伏依家族治理的薩丁尼亞王國為中心，統合形成現在的義大利。於是義大利王國議會就在一九二五年決定，將這個騎士團定為實質上的最高勳章。

第二次世界大戰後義大利改為共和制，薩伏依家族被逐出國外，因此騎士團被視為亡命貴族薩伏依家族的榮譽勳章。目前這個騎士團仍然存在，由薩伏依家族的家主擔任團長。此外，薩伏依家族的成員終於在二〇〇二年獲准回國。

橡木冠騎士團
The Order of the Oaken Crown

荷蘭國王威廉二世（William II）於一八四一年創設，以表彰軍人與市民為目的。

耶穌基督受難騎士團
The Order of the Passion of Jesus Christ

伊斯蘭教徒於十三世紀末前搶走基督教徒統治的耶路撒冷及周邊領土，十四世紀時英格蘭國王理查二世（Richard II）與法蘭西國王查理六世（Charles VI）便創立這個騎士團，目的是保護散布在巴勒斯坦等中東地區的基督教徒免於伊斯蘭教徒的迫害。

騎士團的命名由來，據說是「為使人重新記得耶穌的受難（指耶穌被釘上十字架而死一事），並以征服聖地耶路撒冷為目標，打倒信仰的敵人。」巔峰時期有超過千名的騎士隸屬這個騎士團。

北極星騎士團
The Order of the Polar Star

瑞典國王佛瑞德里克一世在一七四八年創設這個騎士團。同時期成立的騎士團還有劍騎士團與熾天使騎士團。

一九七五年調整成以市民和外國人為對象的勳章。

豪豬騎士團
The Order of the Porcupine

法王查理五世的次男路易，在兒子查理（與祖父同名）誕生時設立這個騎士團。不過目的據說是為了報復路易的對手勃艮第公爵約翰。

入團後便會獲頒豪豬圖案的浮雕（雕刻過的瑪瑙）戒指，因此又稱為浮雕騎士團。

紅鷹騎士團
The Order of the Red Eagle

一七〇五年於普魯士（曾位於今德國北部至波蘭西部的國家）創立，數十年後由國王腓特烈．威廉二世（Frederick William II）整頓。

雷帝瑪騎士團
The Order of the Redeemer

雷帝瑪是「救世主」的意思。初代希臘國王奧托一世（Otto I），為紀念希臘脫離隸屬伊斯蘭教勢力的鄂圖曼帝國獨立，於是在一八三三年創設這個騎士團。

薔薇騎士團
The Order of the Rose

巴西初代皇帝佩德羅一世（Pedro I，兼任葡萄牙王）在妻子——哈布斯堡家族出身的瑪麗亞．雷歐波迪那（Maria Leopoldina）去世後，與法國貴族出身的亞梅麗兒（Amélie）再婚，這個騎士團就是在當時創立的。

但有傳聞說瑪麗亞．雷歐波迪那是遭到佩德羅一世家暴而死。而佩德羅一世害死深受國民愛戴的前妻後，沒多久就被逼退位了。

南十字騎士團
The Order of the Southern Cross

在歐洲各國殖民與統治南美洲的時期，巴西皇帝佩德羅一世（兼任葡萄牙國王）於一八二二年創設這個騎士團。女性也是授勳對象。

艾托爾騎士團
The Order of the Star

英格蘭國王愛德華三世（Edward III）於一三四八年設立嘉德騎士團（➡二百四十頁），法蘭西國王約翰二世（Jean II）仿效鄰國作法，於一三五一年創設這個騎士團。艾托爾（Étoile）為法語的「星星」之意，因此又稱為繁星騎士團。

成立約一百年後，就被法王查理八世解散了。

星十字騎士團
The Order of the Star Cross

神聖羅馬帝國皇帝斐迪南三世之妻艾雷歐諾菈在一六六八年創立這個騎士團。

起因據說是維也納的霍夫堡宮殿（Hofburg Palace）發生火災時，艾雷歐諾菈趕緊逃命，結果在火場發現完好無缺的十字架（聖髑）。

印度之星騎士團
The Order of the Star of India

十七世紀初獲得政府許可的東印度公司，開啟了英格蘭殖民統治印度的時期。另外，這裡說的「印度」不單指現在的印度共和國，而是泛指歐洲之外的地區。

英格蘭對印度的統治，漸漸從以貿易為主軸的間接治理，轉而為以武力為背景的直接管理。

最後英格蘭女王維多利亞（Queen Victoria）於一八七七年即位為印度女皇，身兼二國君主。英屬印度就此誕生。

在印度成立殖民地政府後，為使英式統治在印度扎根，其中一項措施就是創立印度之星騎士團。

成立這個騎士團的目的，是為了表彰英格蘭王族、管理印度的行政官，以及印度大君（統治者）。

第二次世界大戰後，印度於一九四七年脫離英國獨立，同時這個騎士團也被廢除。

劍與軍用腰帶騎士團
The Order of the Sword and Military Belt

瑞典國王古斯塔夫一世於一五二五年創立的騎士團。之後在一七四八年，由瑞典國王佛瑞德里克一世恢復運作。

劍或黃絲帶騎士團
The Order of the Sword, or of the Yellow Ribbon

可能是由瑞典國王古斯塔夫一世（Gustav I）創立的騎士團。後來在一七四八年，由瑞典國王佛瑞德里克一世（Frederick I）恢復運作。團員可享年金等優渥待遇。

火炬騎士團
The Order of the Torch

當復地運動於伊比利半島上進行得如火如荼時，拉蒙伯爵（Don Raymond）在一一四九年攻下托爾托薩（Tortosa，今西班牙西部），不過伊斯蘭教徒隨即展開反擊包圍城鎮。

男人們打算降伏於伊斯蘭教徒，但女人們不僅反對投降，更穿上男人的服裝為士兵們盡一份心力，最後成功將敵人趕出城鎮。

拉蒙伯爵為了表彰這些勇敢的女性，於是設立火炬騎士團讓她們加入。騎士團的女性們在公共場合可坐在地位比男性更高的座位上，此外還享有免稅的福利。

塔與劍騎士團
The Order of the Tower and Sword

一四五六年於葡萄牙創設後一度停止活動。一八〇八年，由當時還是王太子的國王約翰六世（John VI）恢復騎士團的運作。

這時歐洲各國飽受法國皇帝拿破崙的威脅，葡萄牙也遭到法軍進攻，王室成員從葡萄牙首都里斯本逃到殖民地巴西的首都里約熱內盧。騎士團就是為了紀念王室平安無事而創立的。

現在仍是葡萄牙的勳章之一。

白十字騎士團
The Order of the White Cross

托斯卡尼（Toscana）大公斐迪南三世（Ferdinand III）於一八一四年設立的騎士團。

白鷹騎士團
The Order of the White Eagle

波蘭國王瓦狄斯瓦夫一世（Władysław I），為紀念兒子卡吉米爾三世（Casimir III）與立陶宛大公之女阿爾朵娜（Aldona）結婚而設立這個騎士團，之後在一七〇五年由波蘭國王奧古斯特二世（Augustus II）恢復運作。

一七〇六年，俄羅斯女皇凱薩琳一世提供徽章的花樣。十八世紀後半葉起，波蘭的領土就數度遭到其他國家瓜分與統治，騎士團現在則變成俄羅斯聯邦的勳章之一。

聖路易騎士團
The Royal and Military Order of Saint Louis

法王路易十四為表彰勇敢的軍人，而在一六九三年創設聖路易騎士團。之前法國也設立了不少騎士團，但成員都不多，且條件嚴苛，僅貴族才可加入。反觀聖路易騎士團，入團條件只有天主教信徒的身分而已。

法國大革命時騎士團遭到廢棄，後來在王政復辟時期由國王路易十八（Louis XVIII）恢復運作，但是路易．腓力（Louis-Philippe）在一八三〇年繼承法國王位後再度廢除騎士團。

基督騎士團
The Supreme Order of Christ

前身為一三一九年於教宗若望二十二世（Ioannes XXII）的認可下設立的團體，一六〇五年與奧古斯丁修會（Augustinians）合併。

為了紀念合併，教宗庇護九世（Pius IX）於一八四七年設立基督勳章，庇護十世於一九〇五年追認。

目前是教宗頒發的教宗勳章中最高階者，又稱為基督最高勳章。

近現代騎士小事典

本小事典介紹的是各行各業、非武人的騎士。

盛田昭夫
Akio Morita

日本技術人員、實業家。與井深大共同創立索尼公司。

一九二一年出生於愛知縣，自大阪帝國大學理學系畢業後成為海軍技術中尉。他在服役期間認識了井深大，第二次世界大戰結束後，於一九四六年成立索尼的前身東京通信工業。一九五五年左右才開始使用「SONY」的商標。

一九五五年索尼發售日本第一台電晶體收音機，一九七九年發售Walkman隨身聽（攜帶型立體聲錄音帶播放器），二者皆在世界各地大受歡迎。另一方面，索尼也與競爭對手展開家用錄影機的規格戰（索尼陣營推Beta規格，松下電器產業陣營則推VHS規格）。

此外，索尼在一九九九年開賣全球第一隻機器狗AIBO。據說當時在公司內部的新產品說明會上，去世前身體狀況就不太好的盛田看到被趕至角落的AIBO後笑了出來，因而獨斷決定生產與販售。

索尼除了日本外，也進軍世界各地的市場。盛田在一九九二年獲英國女王伊莉莎白二世頒贈大英帝國勳章第二等的KBE（Knight Commander）。不過，由於他是日本人，獲得的勳位只能算是榮譽稱號。

一九九九年七十八歲時辭世。

比利
Edson Arantes do Nascimento

前巴西足球選手。比利為暱稱，本名是艾德遜·亞蘭奇斯·杜·納西蒙多。

他參加過一千三百場以上的比賽，總計踢下一千二百八十一分，是巴西國家隊的王牌球員，為三屆世界杯冠軍貢獻良多。這項成績使他被譽為「足球之神」。

退休後從事慈善並擔任運動大臣，參與巴西的運動制度改革。

一九九七年獲英國女王伊莉莎白二世頒贈大英帝國勳章第二等的KBE（Knight Commander）。但由於他是巴西人，獲得的勳位只能算是榮譽稱號。

詹姆士・龐德
James Bond

英國作家伊恩・佛萊明（Ian Lancaster Fleming）所著的小說主角。同名電影系列相當有名。龐德是英國情報機構「祕密情報局（MI6）」的精英特務。

代號「007」（意指00部門的第七號情報員），持有「殺人執照」，即使在任務中殺害嫌疑犯也是無罪。

在該系列第五部作品《來自俄羅斯的愛（From Russia With Love）》中，曾出現以下的台詞：「特務通常是從情報局退休後才會獲頒聖米迦勒及聖喬治勳章，但他卻在一九五三年任職期間就已得到勳章，這應該可做為衡量其價值的標準吧！」不過，他獲頒的是等級比騎士勳位低的CMG（Companion），因此嚴格來說他稱不上是騎士。

魯柏・梅鐸
Keith Rupert Murdoch

美國實業家。掌控電影公司二十一世紀福斯、美國紐約郵報、英國泰晤士報、網路企業MySpace與hulu等眾多媒體企業，堪稱是全球媒體大亨之一。

梅鐸於一九三一年出生在澳洲墨爾本，是報社社長的兒子，父親死後便創立新聞集團（News Corporation）。梅鐸藉由聳動性的報導提升公司業績，並陸續收購著名媒體企業，將新聞集團打造成最大的媒體集團。

一九九八年，獲教宗若望・保祿二世頒贈聖大額我略勳章第四等的KSC（Knight）。

史蒂芬・史匹柏
Steven Allan Spielberg

美國電影導演、製作人。一九四六年出生於美國猶太人家庭，年輕時就進入好萊塢建立人脈。曾在二〇一二年自曝他被診斷出有學習障礙（Dyslexia）。

一九七五年上映的《大白鯊（Jaws）》空前賣座，使他躋身一流電影導演之列。他還拍攝過許多傑作，如《法櫃奇兵（Indiana Jones）》、《侏羅紀公園（Jurassic Park）》、《E.T.》等等。此外，他也常以製作人的身分出現在非親自執導的作品裡。

二〇〇一年獲英國女王伊莉莎白二世頒贈大英帝國勳章第二等的KBE（Knight Commander）。但由於是美國人，勳位只能算是榮譽稱號。

安東尼奧・帕尼茲
Sir Antonio Genesio Maria Panizzi

大英博物館第六代館長。生於義大利的摩德納公國（Duke of Ferrara and of Modena，今義大利北部摩德納市），因參加燒炭黨（Carbonari，十八世紀末期在義大利成立的祕密革命組織）而被判死刑，於是他逃亡到倫敦。他在大英博物館擔任圖書館員，最後爬上館長的地位。帕尼茲所留下的功績，除了建設大英博物館裡獨具特色的圓形閱覽室外，還有制定統一的藏書目錄規則（直到現在都是圖書館的基礎制度）與確立法定送存制度等等。

從博物館退休後，他在一八六九年獲頒騎士勳位。

亞瑟・柯南・道爾
Sir Arthur Ignatius Conan Doyle

十九世紀的英格蘭作家。全球知名推理小說《福爾摩斯》的作者。祖父與伯父是有名的諷刺畫家，但父親查爾斯（Charles）卻是酗酒成性，導致家中一貧如洗，為了維持家計，亞瑟從愛丁堡大學醫學系畢業後就開業行醫。但是都沒什麼病患上門求診，還曾遭稅務署以「醫生的收入不可能這麼少」為由懷疑他逃稅。就是這個緣故，他才有空開始寫小說。

一八八七年，《福爾摩斯》系列的首部作品刊登在雜誌《比頓聖誕年刊（Beeton's Christmas Annual）》上。數年後大獲好評，亞瑟因而成為人氣作家。此外，他也喜歡騎士文學，寫過以中古時期騎士為主角的作品。

一八九九年，英格蘭與荷蘭為了非洲南端的殖民地而爆發第二次波耳戰爭（Boer Wars）。亞瑟也投筆從戎，這項功績使他在一九〇二年獲頒騎士勳位。所以他受勳的原因，並不是《福爾摩斯》系列受歡迎的緣故。亞瑟本想以「自己並非為了名利才從軍」為由回絕，最後在母親勸說下才決定接受敘勳。

順帶一提，他筆下的角色夏洛克・福爾摩斯，在故事裡曾獲頒法國的榮譽軍團勳章（Légion d'honneur。引自《福爾摩斯歸來記》中收錄的〈金邊夾鼻眼鏡〉）。

艾爾頓・強
Sir Elton Hercules John

英國歌手、鋼琴家、作曲家。

一九四七年出生於英國，本名雷金納德・肯尼思・德懷特（Reginald

Kenneth Dwight）。從小學琴，因一九七〇年發行的錄音帶專輯《Your Song》暢銷而一躍成名。

唱片銷售量至今已突破三億張，是全球最成功的男藝人之一。

一九九五年獲頒大英帝國勳章第三等的CBE（Commander），並在一九九八年由英國女王伊莉莎白二世冊封騎士勳位。

成立艾爾頓．強愛滋病基金會，積極從事慈善活動。但也常針對其他音樂人發表辛辣言論而惹禍。

艾薩克．牛頓
Sir Isaac Newton

英格蘭科學家。就讀劍橋大學，於一六六五年取得學士學位。當時黑死病在倫敦爆發大流行，大學也暫時關閉，牛頓便回到故鄉繼續研究。萬有引力、二項式定理、微積分等研究就是在這個時期完成的。

牛頓在一六六九年獲頒劍橋大學盧卡斯數學教授席位（Lucasian Professor of Mathematics，只授予當時最傑出的數學家）。不過，由於他的課程內容太難理解，還曾發生沒有半個學生來上課的窘況。

之後他還踏入政治界，擔任皇家造幣局的長官與下院議員等職務。擔任造幣局長官時還留下揭發官員貪汙等實績。

一七〇三年成為皇家學會（位在英國，全球歷史最悠久的科學學會）的會長，一七〇五年由英格蘭安妮女王授予騎士勳位。

保羅．麥卡尼
Sir James Paul McCartney

英國創作歌手。一九六〇年代，他在披頭四裡與約翰．藍儂共同作詞、作曲，創作《Yesterday》等多首名曲。在樂團中負責貝斯與演唱。

披頭四解散後他另組新的樂團「羽翼合唱團（Wings）」，一九八〇年代以後就單飛進行音樂活動。

一九六五年與披頭四成員獲頒大英帝國勳章第五等的MBE（Member），並在一九九七年由英國女王伊莉莎白二世冊封騎士勳位。

獲金氏世界紀錄認證，為「流行音樂史上全球最成功的作曲家」。

約翰．斯卡雷特
Sir John Scarlett

一九四八年生，英國情報員。二〇〇四年至二〇〇九年期間擔任祕密情報局（MI6）的長官。

東西冷戰時代轉調到非洲、蘇聯（今俄羅斯）累積經歷，一九八五年蘇聯情報官奧雷格．戈爾傑夫斯基（Oleg Gordievsky）逃亡至英國時曾盡力保護他。也在二〇〇一年九月十一日以後爆發的伊拉克戰爭中完成重要任務。

二〇〇七年獲頒聖米迦勒及聖喬治勳章的KCMG（Knight Commander），取得騎士勳位。此外也獲頒大英帝國勳章第四等的OBE（Officer）。

順帶一提，奧雷格・戈爾傑夫斯基在二〇〇七年，也因為「對英國的安全有所貢獻」而獲頒聖米迦勒及聖喬治勳章。不過他的勳章是第三等的CMG（Companion），因此並未取得騎士勳位。

史恩・康納萊
Sir Thomas Sean Connery

英國演員。飾演第一代詹姆士・龐德而一躍成名。演出過《聖戰奇兵（Indiana Jones and the Last Crusade）》、《鐵面無私（The Untouchables）》等多部名作。

一九三〇年史恩出生於蘇格蘭東岸的愛丁堡，曾在海軍服役，後因健康問題而退伍。他在一九六二年上映的007系列第一部《第七號情報員（Dr. No）》中飾演第一代龐德，因而成為全球知名的演員。直到一九八三年上映的《巡弋飛彈（Never Say Never Again）》為止史恩都是龐德的代言人。

二〇〇〇年由英國女王伊莉莎白二世冊封騎士勳位。其實一九九七年與一九九八年史恩都有被提名，但因為他支持蘇格蘭脫離英國獨立，才使提名案遭到駁回。史恩參加冊封儀式時，也是穿著蘇格蘭的正式服裝蘇格蘭裙。

二〇〇六年息影。

提姆・柏納李
Sir Timothy John Berners-Lee

英國電腦科學家。研發網路技術的基礎「WWW（World Wide Web）」，並參與HTTP與HTML等仍在使用的重要規格初期設計。

柏納李以第一名的成績畢業於牛津大學，在通訊公司工作幾年後，便加入瑞士的CERN（歐洲核子研究組織）。他就是在這個時期設計出WWW，且為了社會利益免費公開這項技術，不收取任何專利金。

他也設立了制定網頁標準技術的組織「W3C（World Wide Web Consortium）」。

二〇〇四年獲頒大英帝國勳章第二等的KBE（Knight Commander）。

當代天皇
the present Emperor

日本在一九〇五年的日俄戰爭中打敗俄羅斯後，歐洲各國便承認日本是強國。翌年一九〇六年，明治天皇就獲得英王愛德華七世（Edward VII）頒發的嘉德勳章。這是非基督教國家的君主獲頒勳章的首例。

之後大正天皇與昭和天皇，也分別在即位後的一九一二年與一九二九年獲頒嘉德勳章。但由於第二次世界大戰時日本與英國處於敵對關係，一九四一年至一九七一年期間，英國王室居住的溫莎堡裡就看不到菊花圖案的天皇旗。

當代天皇同樣在登基九年後，於一九九八年偕同美智子皇太后造訪英國，由英國女王伊莉莎白二世頒發嘉德勳章。

日本歷代天皇還獲得不少外國勳章，如西班牙的金羊毛勳章等等。

比爾·蓋茲
William Henry “Bill” Gates III

微軟公司創辦人。哈佛大學輟學，一九七五年與朋友創辦微軟。一九八一年應 IBM 公司的要求推出電腦作業系統 MS-DOS，一九八六年開始販售 Windows。之後 Windows 的市場占有率達到全球第一。

二〇〇五年獲頒大英帝國勳章第二等的 KBE（Knight Commander）。不過，由於他是美國人，獲得的勳位只能算是榮譽稱號。

二〇〇八年退出微軟經營團隊，並成立基金會參與慈善活動。

莫札特
Wolfgang Amadeus Mozart

十八世紀的奧地利作曲家、演奏家。一七五六年出生於薩爾斯堡（Salzburg，今奧地利中部，當時為神聖羅馬帝國領土）的音樂世家，從小在父親的指導下，以天才音樂家之姿四處旅行。

一七六二年，年僅六歲的莫札特曾在奧地利女皇瑪麗亞·特蕾莎一家人面前演奏時，向同席的七歲皇女瑪麗亞·安東尼亞（Maria Antonia，後來的法王路易十六之妻瑪麗·安東尼特）求婚。

此外，莫札特在十四歲時由教宗冊封為黃金馬刺騎士團（➡二百五十頁）的騎士，之後他就被稱為騎士莫札特。現今仍保留著莫札特身穿騎士團制服的肖像畫。

長大後他便以奧地利首都維也納為根據地，展開音樂家的活動。他的作品多達六百首以上，著名的作品有《第十三號小夜曲（Eine kleine Nachtmusik）》、歌劇《魔笛（Magic Flute）》和《費加洛的婚禮（The Marriage of Figaro）》等，不勝枚舉。並與貝多芬、海頓等同時代的大作曲家為朋友。

不過他的私生活並不順遂，常因為對方拖欠演奏費而為錢煩惱。一七九一年，年僅三十五歲的他英年早逝。巧合的是，他的遺作正是《安魂曲（Requiem）》。

總索引

名稱	類別	頁數
《Amadís de Gaula》	傳說·故事·作品	88
亞瑟·柯南·道爾	近現代的騎士	258
亞瑟·拉克姆	其他人物	43、78
《亞瑟之死》	傳說·故事·作品	12、13、18、22、23、27、29、35、37、38、42、43、121、123、214、216、217
亞瑟王	騎士／國王	12~19、21~25、27、28、29、31、32、33、35、37、41、42、43、68、73、89、121、123、157、164、214、216~232、240
伊凡霍爾	騎士	68、80、81、82、83、84
艾薩克	與騎士有關的人物	82~84
艾薩克·牛頓	近現代的騎士	259
冰島	地名·國名	69、75~77
愛爾蘭	地名·國名	21、36、37、167、216、218、227、229、230、239
亞法隆島	地名·國名	19
艾維茲騎士團	騎士團	237
《藍鬍子》	傳說·故事·作品	169
亞格拉文	騎士	216、222、223
亞格拉曼	國王·王族·領主	56
亞格洛瓦	騎士	216、229
明智光秀	其他人物	212
亞斯塔莫	騎士	216
阿斯卡隆	騎士的武器	72
阿斯圖里亞司	地名·國名	137、138
艾斯托爾福	騎士	51
阿卡的聖湯瑪士騎士修道會	騎士團	235
亞托斯	騎士	107~115、250
奧特蘭提	與騎士有關的人物	59、60、61
亞芙莉卡	王后·貴婦	130
亞蒙蘭特	神·超自然存在	101
亞拉岡王	國王·王族·領主	96
亞拉密司	騎士	107、110、113、114、115
奧里	騎士	219、220、224、225、226、227、230、231、232
阿基坦的愛麗諾	王后·貴婦	152
亞里奧斯托	其他人物	47、123
亞歷歐旦特	騎士	64
亞歷迪克	騎士	216
亞利馬太的約瑟	其他人物	31、217
阿爾坎塔拉騎士團	騎士團	240、247
愛爾朵薩	與騎士有關的人物	103
阿爾法瑪的聖喬治騎士團	騎士團	243、245
阿爾馮·德·努維爾	其他人物	53、159
阿方索六世	國王·王族·領主	138~140
阿爾弗瑞德大帝	國王·王族·領主	81
阿爾布雷赫特·馮·華倫斯坦	騎士	175、198、199、200、201、202
無敵艦隊	用語	195、196、197
亞歷山大·仲馬（大仲馬）	其他人物	107、109、111、115、250
亞歷山大·涅夫斯基騎士團	騎士團	241
亞歷克塞斯一世	國王·王族·領主	144
安奎斯王	騎士／國王	216、218
安潔莉卡	王后·貴婦	51
安東尼奧·帕尼茲	近現代的騎士	258
安東尼·德·拉薩爾	其他人物	95
安娜（亞瑟王之妹）	王后·貴婦	27
安娜（拜占庭帝國公主）	王后·貴婦	144
安妮	王后·貴婦	109
耶穌基督	其他人物	12、23、31、33、72、87、143、252
耶穌基督受難騎士團	騎士團	252
耶穌與瑪利亞騎士團	騎士團	243
英國	地名·國名	24、25、31、35、37、38、41、43、57、66、72、78、82、83、91、153、167、181、196、206、238、239、240、254、257、256~261
伊格蓮	王后·貴婦	16、17、233
伊森布拉斯	騎士	68、90、91、92、93
《伊森布拉斯爵士》	傳說·故事·作品	91、93

名稱	類別	頁數
依索德	王后·貴婦	35、36、37、38、39、89、216、220、227、228、229、232
義大利	地名·國名	46、47、51、61、63、65、69、71、87、116、117、119、123、183、189、199、203、211、234、235、239、243、245、246、249、251、252、258
獨角獸	神·超自然存在	91、93
伊比利半島	地名·國名	52、69、135、137、138、237、238、240、242、243、246、247、248、254
艾恩賽德	騎士	224、225
岩邊晃三	其他人物	212
英格蘭	地名·國名	13、14、15、20、21、25~28、30、31、36、40、41、70、72、73、80、81、83、84、90、96、98~101、112、123、150~157、159、160、163~167、169、170、172、175、194~197、209、218、219、221、228~230、232、235~240、245、252、253、254、258、259
印度	地名·國名	93、175、254
印度之星騎士團	騎士團	254
華茲拉夫一世	國王·王族·領主	129
維拉茲	騎士	233
威廉·馬歇爾	騎士	150、151、152、153
烏瑟·潘德拉剛	騎士／國王	16、219、233
威爾斯	地名·國名	21、167、222、224、226、231、233
維納斯	神·超自然存在	126、127
《沃爾頌格薩迦》	傳說·故事·作品	77~79
華特·史考特	其他人物	81
沃夫拉姆	與騎士有關的人物	126、127
歐仁·德拉克洛瓦	其他人物	87
穿刺公弗拉德	騎士／領主	175、176、177、178、179、180、181、249
弗拉德二世（穿刺公弗拉德之父）	騎士／領主	178、249
尤里恩斯王	騎士／國王	233
烏爾班二世	其他人物	143、149
烏爾菲斯	騎士	233
愛蒙公爵	與騎士有關的人物	63
艾克斯卡利巴	騎士的武器	15、17、19、217、224、233
艾克特	騎士	16、221、225
愛克特·德·馬里斯	騎士	225
艾斯普朗迪亞	與騎士有關的人物	88
《艾斯普朗迪亞的功勳》	傳說·故事·作品	88
艾崔爾	國王·王族·領主	119
愛德蒙	國王·王族·領主	157
愛德蒙（法蘭西斯·德瑞克之父）	與騎士有關的人物	195
艾德蒙·雷頓	其他人物	35、66
愛德華	騎士	221、240
愛德華（黑王子愛德華）	騎士／國王	157、172、240
愛德華·伯恩瓊斯	其他人物	24、38
愛德華三世	騎士／國王	155~157、163、172、240、253
愛德華四世	國王·王族·領主	156
艾托爾騎士團	騎士團	253
艾皮諾葛瑞斯	騎士	222
艾米爾·歐根·薩克斯	其他人物	191
艾里安	騎士	219、222
伊莉莎白	王后·貴婦	127
伊莉莎白女皇	王后·貴婦	205、206
伊莉莎白一世	王后·貴婦	73、195、196
愛莉榭娜	王后·貴婦	87
以利亞	其他人物	51
席德	騎士	135、136、137、138、139、140
愛爾莎	王后·貴婦	121、122

義大利

荷蘭

西班牙

丹麥

捷克

匈牙利

羅馬尼亞

非洲

亞瑟王傳奇的騎士
（出身地不詳）

其他騎士
（出身地不詳）

騎士索引

騎士索引（按出身地）

英國
英格蘭

蘇格蘭

威爾斯

愛爾蘭

法蘭克王國
（統治今法國、德國、義大利等西歐地區）

勃艮第王國
（統治今法國東南部，後遭法蘭克王國滅亡）

法國
（法蘭西）

德國
（德意志）

《図説アーサー王伝説事典》Ronan Coghlan ／山本史郎譯（原書房）
《図説アーサー王百科》Christopher Snyder ／山本史郎譯（原書房）
《図説アーサー王物語》Andrea Hopkins ／山本史郎譯（原書房）
《世界大百科事典》（平凡社）
《西洋騎士道事典》Grant Uden ／堀越孝一、関哲行譯（原書房）
《西洋中世史事典》H.R. Loyn ／魚住昌良譯（東洋書林）
《太陽、明治 37 年第 10 巻 13 号　蒲生氏郷羅馬遣使説の出處》渡辺修二郎（博文館）
《戦うハプスブルク家：近代の序章としての三十年戦争》菊池良生（講談社）
《中央大学論集 23　十六世紀スペインの騎士道物語の興隆について》福井千春（中央大学）
《中世の騎士文化》Joachim Bumke ／平尾浩三譯（白水社）
《中世フランスの騎士》Jean Flori ／新倉俊一譯（白水社）
《中世フランス文学》V.L. Saulnier ／神沢栄三、高田勇共譯（白水社）
《中世英国ロマンス集》／中世英国ロマンス研究会譯（篠崎書林）
《中世騎士物語》Gerhard Aick ／鈴木武樹譯（白水社）
《中世騎士物語》Thomas Bulfinch ／野上弥生子譯（岩波書店）
《鉄腕ゲッツ行状記：ある盗賊騎士の回想録》Götz von Berlichingen ／藤川芳朗譯（白水社）
《天海・光秀の謎：会計と文化》岩辺晃三（税務経理協会）
《伝記モーツァルト：その奇跡の生涯》Brigitte Hamann ／池田香代子譯（偕成社）
《波瀾万丈のポルトガル史》安部真穏（泰流社）
《百年戦争》Philippe Contamine ／坂巻昭二譯（白水社）
《百年戦争とリッシュモン大元帥》Jean-Paul Etcheverry ／大谷暢順譯（河出書房新社）
《物語　ドイツの歴史》阿部謹也（中央公論新社）
《物語エルサレムの歴史：旧約聖書以前からパレスチナ和平まで》笈川博一（中央公論新社）
《物語スペインの歴史：海洋帝国の黄金時代》岩根圀和（中央公論新社）
《物語スペインの歴史人物篇：エル・シドからガウディまで》岩根圀和（中央公論新社）
《物語チェコの歴史：森と高原と古城の国》薩摩秀登（中央公論新社）
《北の十字軍：「ヨーロッパ」の北方拡大》山内進（講談社）
《傭兵の二千年史》菊池良生（講談社）
《妖精の女王》Edmund Spenser ／熊本大学スペンサー研究会譯（文理書院）
《トリスタン・イズー物語》Joseph Bédier ／佐藤輝夫譯（岩波書店）

●網頁

Amadis of Gaul Spain thenandnow
http://www.spainthenandnow.com/spanish-literature/amadis-of-gaul-summary/default_69.aspx

Biography for Sean Connery
http://www.imdb.com/name/nm0000125/bio

Connery: Bond and beyond
http://news.bbc.co.uk/2/hi/uk_news/573476.stm

EltonJohn.com - The Official Website
http://www.eltonjohn.com/

Paul McCartney Official Website
http://www.paulmccartney.com/

Pelé
http://www.imdb.com/name/nm0671446/bio

People: Queen knights James Bond star Sean Connery
http://www.startribune.com/templates/Print_This_Story?sid=11467786

Pope Honors Rupert Murdoch, Roy Disney, Bob Hope
http://articles.latimes.com/1998/jan/03/local/me-4508

Profile: John Scarlett
http://news.bbc.co.uk/2/hi/uk_news/politics/6217417.stm

Rupert Murdoch
http://www.nndb.com/people/420/000023351/

Sir Sean's pride at knighthood
http://news.bbc.co.uk/2/hi/uk_news/scotland/819490.stm

Steven Spielberg
http://www.imdb.com/name/nm0000229/

微軟美國總公司 員工 William(Bill) H. Gates
http://www.microsoft.com/ja-jp/news/exec/billg/default.aspx

Tim Berners-Lee
http://www.technogallery.com/nec_c-and-c/1nen-no-ayumi/1996/12.pdf

參考資料一覽

●書籍資料

《007：ロシアから愛をこめて》Ian Fleming／井上一夫譯（東京創元社）
《Military Religious Orders of the Middle Ages》Frederick Charles Woodhouse（Society for Promoting Christian Knowledge）
《アーサー王：その歷史と伝説》Richard Barber／高宮利行譯（東京書籍）
《アーサー伝説：歷史とロマンスの交錯》青山吉信（岩波書店）
《アーサー王伝説の起源：スキタイからキャメロットへ》C.Scott Littleton、Linda A. Malcor（岩波書店）
《アーサー王伝説紀行：神秘の城を求めて》加藤恭子（中央公論社）
《《青髯》　ジルドレの生涯》清水正晴（現代書館）
《アイスランドサガ》谷口幸男（新潮社）
《アラブが見た十字軍》Amin Maalouf／牟田口義郎、新川雅子譯（リブロポート）
《アントワーヌ＝ドラサル研究》大高順雄（風間書房）
《イギリス　王妃たちの物語》石井美樹子（朝日新聞社）
《イギリス国民の歴史》J.R. Green／和田勇一譯（篠崎書林）
《オスプレイ戦史シリーズ　イングランドの中世騎士：白銀の装甲兵たち》Christopher Gravett／須田武郎、斉藤潤子譯（新紀元社）
《オスプレイ戦史シリーズ　馬上槍試合の騎士：トーナメントの変遷》Christopher Gravett／須田武郎譯（新紀元社）
《オスプレイ・メンアットアームズ・シリーズ　聖騎士団：その光と影》Terence Wise／稲葉義明譯（新紀元社）
《オスプレイ・メンアットアームズ・シリーズ　中世ドイツの軍隊：1000-1300 神聖ローマ帝国の苦闘》Christopher Gravett／鈴木渓譯（新紀元社）
《オスプレイ・メンアットアームズ・シリーズ　ばら戦争：装甲騎士の時代》Terence Wise／斉藤潤子譯（新紀元社）
《オスプレイ・メンアットアームズ・シリーズ　百年戦争のフランス軍：1337-1453》David Nicolle／稲葉義明譯（新紀元社）
《エッダ：古代北欧歌謡集》V.G. Neckel／谷口幸男譯（新潮社）
《エルシードの歌》長岡実（岩波書店）
《ガウェインとアーサー王伝説》池上忠弘（秀文インターナショナル）
《完訳アーサー王物語》Sir Thomas Malory／中島邦男、小川睦子、遠藤幸子譯（青山社）
《ケルト神話と中世騎士物語》田中仁彦（中央公論新社）
《ゲルマン神話：ニーベルンゲンからリルケまで…》吉村貞司（読売新聞社）
《ゲルマン北欧の英雄伝説：ヴォルスンガ・サガ》／菅原邦城譯（東海大学出版会）
《神戸外大論叢 58(3)　スペイン神秘思想と騎士道物語：アマディス、ロヨラ、サンタ・テレサ・デ・ヘススを中心として》野村竜仁（神戸市外国語大学）
《神戸外大論叢 60(1)　『エスプランディアンの武勲』における異教的要素》野村竜仁（神戸市外国語大学研究会）
《コナン・ドイル―ホームズ・SF・心霊主義》河村幹夫（講談社）
《サガ選集》日本アイスランド学会譯（東海大学出版会）
《シャーロック・ホームズ全集 6　シャーロックホームズの帰還》Arthur Conan Doyle／小林司、東山あかね譯（河出書房新社）
《シャルルマーニュ伝説：中世の騎士ロマンス》Thomas Bulfinch／市場泰男譯（講談社）
《スコット世界文学全集 III-9　アイヴァンホー》Scott／中野好夫譯（河出書房新社）
《世界各国史 16　スペイン・ポルトガル史》立石博高（山川出版社）
《タンホイザー》Richard Wagner／高辻知義譯（新書館）
《タンホイザー：ワーグナー》Attila Csampai、Dietmar Holland／渡辺護、大崎滋生譯（音楽之友社）
《チェコの伝説と歴史》Alois Jirásek／浦井康男譯（北海道大学出版会）
《デ・サンデ天正遣欧使節記》Duarte de Sande／泉井久之助、長沢信寿、三谷昇二、角南一郎譯（雄松堂出版）
《ドイツ中世英雄物語 3　ディートリヒ・フォン・ベルン》Albert Richter、Guido Görres／市場泰男譯（社会思想社）
《ドイツ史》木村靖二（山川出版社）
《ドイツ史》成瀬治、山田欣吾、木村靖二（山川出版社）
《ドイツ傭兵（ランツクネヒト）の文化史：中世末期のサブカルチャー／非国家組織の生態誌》Reinhard Baumann／菊池良生譯（新評論）
《ドイツ歴史の旅》坂井栄八郎（朝日新聞社）
《トゥルバドゥール：幻想の愛》Henri Davenson／新倉俊一譯（筑摩書房）
《ドラキュラ伯爵：ルーマニアにおける正しい史伝》Nicolae Stoicescu／鈴木四郎、鈴木学譯（中央公論新社）
《トリスタンとイゾルデ》Richard Wagner／高木卓譯（音楽之友社）
《ドン・キホーテ》Miguel de Cervantes／永田寛定譯（岩波書店）
《ドン・キホーテ》Miguel de Cervantes／会田由、大林文彦譯（白水社）
《ニーベルンゲンの歌》／相良守峯譯（岩波書店）
《ニーベルンゲンの歌基礎の研究》雪山俊夫（大岡山書店）
《バスクとバスク人》渡部哲郎（平凡社）
《ハプスブルク家》江村洋（講談社）
《パルチヴァール》Wolfram von Eschenbach／加倉井粛之譯（郁文堂）
《ブハラ歴史散策：黄金の劇場都市》石川達夫（講談社）
《フランス史》福井憲彦（山川出版社）
《フランス中世文学集》／新倉俊一、神沢栄三、天沢退二郎譯（白水社）
《フランス文学史》饗庭孝男、朝比奈誼、加藤民男（白水社）
《ブリタニカ国際大百科事典》Frank B. Gibney（TBSブリタニカ）
《メディチ家の人びと：ルネサンスの栄光と頽廃》中田耕治（講談社）
《ヨーロッパ文化発展の経済的社会基盤：カエサルからカール大帝にいたる時代の》Alfons Dopsch／野崎直治、石川操、中村宏譯（創文社）
《ヨーロッパ大陸歴史地図》Ian Barnes、Robert Hudson／武井摩利譯（東洋書林）
《ヨーロッパ中世社会史事典》Agn　s Gerhards／池田健二譯（藤原書店）
《ローエングリーン：ロマン歌劇》Richard Wagner／高木卓譯（音楽之友社）
《ロシアを知る事典》川端香男里（平凡社）
《ロマネスク世界論》池上俊一（名古屋大学出版会）
《ロランの歌》／有永弘人譯（岩波書店）
《愛の原型：トリスタン伝説》Michel Cazenave／中山真彦譯（新潮社）
《英国王室史事典》森護（大修館書店）
《英国王室史話》森護（大修館書店）
《英仏百年戦争》佐藤賢一（集英社）
《王子ガウェインと緑の騎士：イギリス中世ロマンス》／宮田武志譯（大手前女子学園アングロノルマン研究所）
《黄金伝説》Jacobus de Voragine／前田敬作、今村孝譯（人文書院）
《海賊キャプテン・ドレーク：イギリスを救った海の英雄》杉浦昭典（中央公論新社）
《概説スペイン文学史》佐竹謙一（研究社）
《丸かじりドン・キホーテ》中丸明（NHK 出版）
《騎士団》橋口倫介（近藤出版社）
《騎士道精神とイスパニヤ文学》一色忠良（小樽商科大学）
《狂えるオルランド》Ludovico Ariosto／脇功譯（名古屋大学出版会）
《勲章の社会学》小川賢治（晃洋書房）
《三銃士》Alexandre Dumas／生島遼一譯（岩波書店）
《守護聖者：人になれなかった神々》植田重雄（中央公論社）
《十字軍》橋口倫介（教育社）
《十字軍という聖戦》八塚春児（日本放送出版協会）
《十字軍の男たち》Régine Pernoud／福本秀子譯（白水社）
《十字軍騎士団》橋口倫介（講談社）
《十字軍大全：年代記で読むキリスト教とイスラームの対立》Elizabeth Hallam／川成洋、太田直也、太田美智子譯（東洋書林）
《女王陛下のブルーリボン：ガーター勲章とイギリス外交》君塚直隆（NTT 出版）
《女装の剣士シュヴァリエ・デオンの生涯》窪田般彌（白水社）
《象徴の騎士たち：スペンサー『妖精の女王』を読む》早乙女忠（松柏社）
《新カトリック大事典》上智学院新カトリック大事典編纂委員会（研究社）
《図説アーサー王の世界》David Day／山本史郎譯（原書房）

後記

一般人對騎士的印象，不外乎是為了美麗卻不幸的公主或遭受欺凌的人們、以一己之身挑戰強大的怪物，自尊心高強的戰士吧！但是，相較於「傳說的騎士」裡的理想騎士，「真實騎士」裡所介紹的現實世界中的騎士們似乎未必都符合上述條件，缺點也不少。

儘管事實讓人有些遺憾，不過這正是騎士與騎士文學至今仍受到喜愛的原因吧！就是因為現實世界不如故事那般順遂美好，騎士們才會心懷騎士文學迎戰敵人。

對於活在現代的我們而言，真實的騎士們煩惱卻不停止戰鬥的生存方式，應該也跟騎士文學一樣，能夠帶給我們面對困難的勇氣吧！

最後，由衷希望本書能幫助各位瞭解寬廣且深奧的騎士世界，並使各位更加喜歡這群個性豐富的騎士們。

二〇一三年六月　宮木冬子敬上

宮木冬子（Miyagi Fuyuko）
筑波大學畢業。專攻領域為數位典藏與資料搜尋。目前為業餘歷史研究家，主要研究歐洲史、中古時期文化史、圖書館史。曾以其他筆名出版數本有關文化、歷史著作。

日文版工作人員
編輯　TEAS 事務所
插畫　藤井英俊
協力　北条三藏
內文設計　神田美智子
封面設計　筑城理江子

國家圖書館出版品預行編目資料

騎士封神榜～黑暗時期的不敗榮光～ / 宮木冬子，TEAS 事務所著；王美娟譯．-- 初版．-- 臺北市：臺灣東販，2014.11
　面；　公分
譯自：騎士 ～王国の守護戦士大全～
ISBN 978-986-331-540-7(平裝)

1. 中古史 2. 文明史 3. 通俗作品 4. 歐洲

740.23　　103019721

騎士封神榜
～黑暗時期的不敗榮光～

2014 年 11 月 1 日初版第一刷發行

作　　者　宮木冬子、TEAS 事務所
譯　　者　王美娟
編　　輯　楊麗燕
美術編輯　張曉珍
發 行 人　齋木祥行
發 行 所　台灣東販股份有限公司
　　　　　<地址>台北市南京東路 4 段 130 號 2F-1
　　　　　<電話>(02)2577-8878
　　　　　<傳真>(02)2577-8896
　　　　　<網址>http://www.tohan.com.tw
郵撥帳號　1405049-4
新聞局登記字號　局版臺業字第 4680 號
法律顧問　蕭雄淋律師
總 經 銷　聯合發行股份有限公司
　　　　　<電話>(02)2917-8022
香港總代理　萬里機構出版有限公司
　　　　　<電話>2564-7511
　　　　　<傳真>2565-5539